U0856406

欢迎光临

全球优秀商店展示设计

善本图书有限公司　编著
飞思数字创意出版中心　监制

电子工业出版社
Publishing House of Electronics Industry
北京·BEIJING

作为一本专业介绍商店展示设计的书籍，自然不能缺少来自世界各地的优秀商店展示设计。本书将带读者走进各具特色的商店，窥探设计师的设计理念和灵感来源，内容包括服装店、饰品店、图书店、理发店、医药店、家私店、电器店和餐饮店。

本书展示的商店设计作品，充分体现了现代商店展示设计的一个发展潮流方向。这些作品或具有创新的店面规划和视觉营销，或通过建筑和照明别树一帜地演绎自身的风格。每一件作品均有构图完整、色彩饱和的照片，并配以详细的创意注解，以使读者更加全面地了解这些优秀的作品，从而提供更有价值的阅读。

本书适合广大设计师和设计爱好者阅读，对于追求品味、个性的读者，相信本书也一定有能让你产生触动或共鸣的设计师和作品。

图书在版编目（CIP）数据
欢迎光临：全球优秀商店展示设计 / 善本图书有限公司编著. -- 北京：电子工业出版社，2011.6
ISBN 978-7-121-13551-4

Ⅰ. ①欢… Ⅱ. ①善… Ⅲ. ①商品陈列－陈列设计 Ⅳ. ① J525.2
中国版本图书馆 CIP 数据核字（2011）第 087173 号

策　　划：善本图书有限公司
主　　编：林庚利 林诗健
组稿编辑：何丽思 刘敏婷
责任编辑：何郑燕
特约编辑：侯琦婧 李新承
印　　刷：利丰雅高印刷（深圳）有限公司
装　　订：利丰雅高印刷（深圳）有限公司
出版发行：电子工业出版社
　　　　　北京市海淀区万寿路 173 信箱　邮编：100036
开　　本：787×1092　1/16　印张：20.5　字数：656 千字
印　　次：2011 年 6 月第 1 次印刷
印　　数：2 000 册　　　定价：188.00 元

凡所购买电子工业出版社图书有缺损问题，请向购买书店调换。若书店售缺，请与本社发行部联系，
联系及邮购电话：（010）88254888。
质量投诉请发邮件至 zlts@phei.com.cn，盗版侵权举报请发邮件至 dbqq@phei.com.cn。
服务热线：（010）88258888。

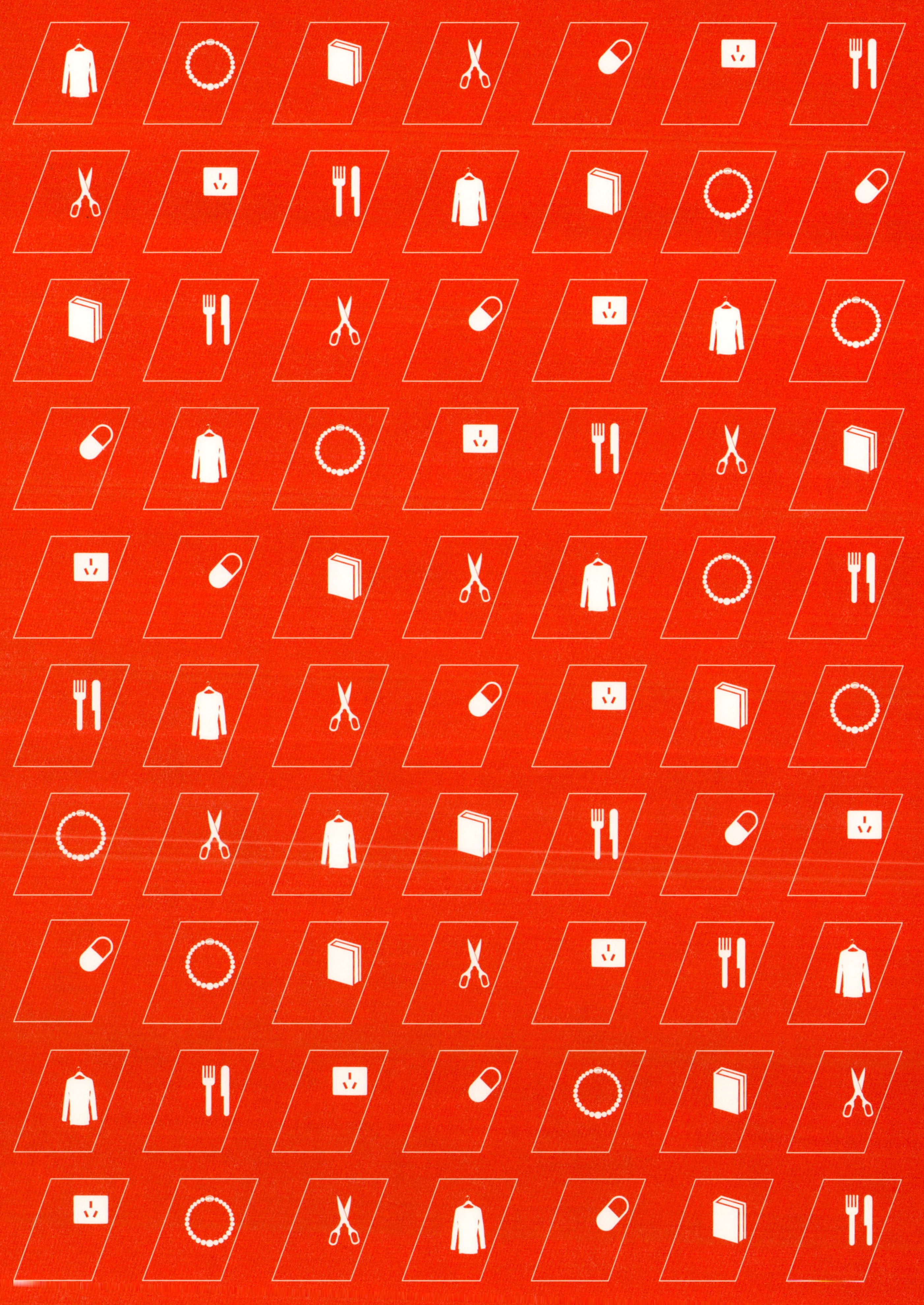

前言

在生活中我们总离不开购物消费，例如买衣服、买鞋子、买袋子、买手表、买药、买书、买玩具、买电器、买眼镜、买食品等。而我们也会发现在我们生活的城市、小区或者街道遍布着各种各样提供我们购物消费的商店，其中既有大型的综合购物商城，也有小型的便利店，更有充满个性的专卖店。

在这些众多的商店中除了它们所销售的商品的价值吸引着顾客的到来之外，还有一大因素就是商店的展示设计。一个成功的商店展示设计将会吸引众多消费者的眼球，从而为销售带来极大的提升，也正是因为这个原因现代的商店展示设计已经不再局限于传统的柜台和陈列柜式的构成，设计师们借用了更多的媒介和更新的材料来创造符合特定商品或者品牌的个性和价值理念的视觉展示空间。

随着技术和材料以及市场需求的不断变化和进步，商店展示设计出现了极大的多样性和丰富性，但其三个基本要素是不会变的，即商品、消费者和装饰。

第一：
商店展示设计的首要目的就是通过对商品的价值和特性的理解、把握，以合适的设计元素突出商品的形态和价值，让客户能最方便、最直观、最清楚地“接触”到商品。这里需要考虑的是商品的大小、形状、色彩、数量和性格。
第二：
消费者的消费行为心理。一般来说，消费者进入商店购物时，大多要经过一系列的心理过程，而这一系列心理过程的开始就是“注意”，这就要求商品在展示时具有一定的刺激度才能被感知。因此，在商店展示设计中需要设计师展开丰富的创意，运用多样的表现去达到“注意”的效果，以使消费者顺利实现购物行动。
第三：
本书将带你走进世界各色的商店，窥探设计师的设计理念和灵感来源，看各国著名设计师如何运用艺术设计语言，如何与注重品质和设计的客户合作，创造出满足客户与顾客沟通目的的设计项目。

《欢迎光临》作为一本专业介绍商店展示设计的书籍，自然汇聚了来自世界各国的优秀案例。

本书收集的案例作品，或具有创新的店面规划和视觉营销，或通过建筑和照明别树一帜地演绎了自身的风格。每一件作品均有构图完整、色彩饱和的照片，并配以详细的设计创意说明。

对于设计师和广大设计爱好者，这是一本具有实用性和参考价值的专业书籍，对于追求质素、品味、个性的读者，我们相信本书也一定有能让你产生触动或共鸣的设计师和作品。

目录

服装店 013~188

饰品店 189~216

图书店 217~224

理发店 225~250

医药店 251~262

电器店 263~270

餐饮店 271~313

服装店

size? - Bristol Store

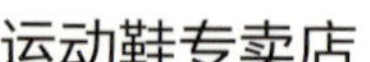

运动鞋专卖店

size? 是一间位于布里斯托尔的马匹展示会的新店，设计灵感来源于它的所在地。

这间商店运用现实与抽象的结合，描绘出传统与现代的布里斯托尔的特点。商店的一大特色是装饰在商店外面黑色墙壁上的 1842 年的马展油画。在商店的其他地方，运用涂鸦来反映 size? 是一个新奇独特的运动鞋品牌。

店面黑白色调的运用，更加明确了它的品牌个性。同时，店内的固定装置及设备采用了木箱的设计，并为每一个木箱的木纹刷上了各种颜色，形成一种反差的感觉。

公司：Checkland Kindleysides

设计师：Checkland Kindleysides

摄影师：Keith Parry

客户：size?

国家或地区：英国

TRADE
SWEEPS
CITY
1968 FIRST
SOUND SYSTEM
IT'S SOUND CLASHES
1998
GRAFFITI JAM
2009 SIZE? OPENS
EUROPEAN

what
the horsefair

Marco&Mari In Beijing

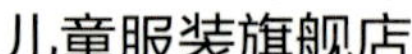

儿童服装旗舰店

位于北京的 Marco&Mari 是一间儿童服装店，它是一个品牌旗舰店。
为了符合该品牌的风格，客户要求我们设计一间带有欧洲风格的商店。根据这个要求，我们选择了欧洲古典建筑主题与现代风格混搭而成的拱形装饰。
这一创新的设计想法来源于孩子的粘土作品与看似棉花糖的柔和雕刻品。
拱形表面的石膏上有着细致的纹理，使人联想到饭后的甜点，给人以一种柔软的感觉。
我们的设计理念是把拱形的硬朗与童装品牌店的可爱结合在一起。
这一拱形将会不断延伸，以均匀的古典建筑结构遍布整店。店中央是大人和小孩放松与休息的地方，就是你所看到的那样，像在一个庭院里搭帐篷。休息区域与主要家具都是由不断重复的拱形与棉花糖似的装饰形成的，这使整间商店的风格更加统一。

公司：SAKO Architecture
设计师：SAKO Keiichiro
摄影师：Misae Hiromatsu
国家或地区：日本

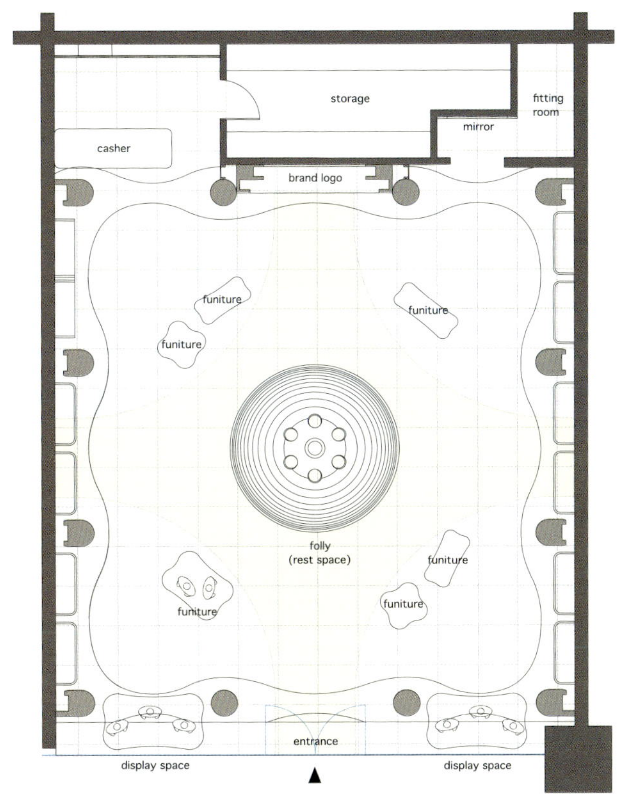
storage
fitting room
mirror
casher
brand logo
funiture
funiture
funiture
folly
(rest space)
funiture
funiture
funiture
entrance
display space
display space

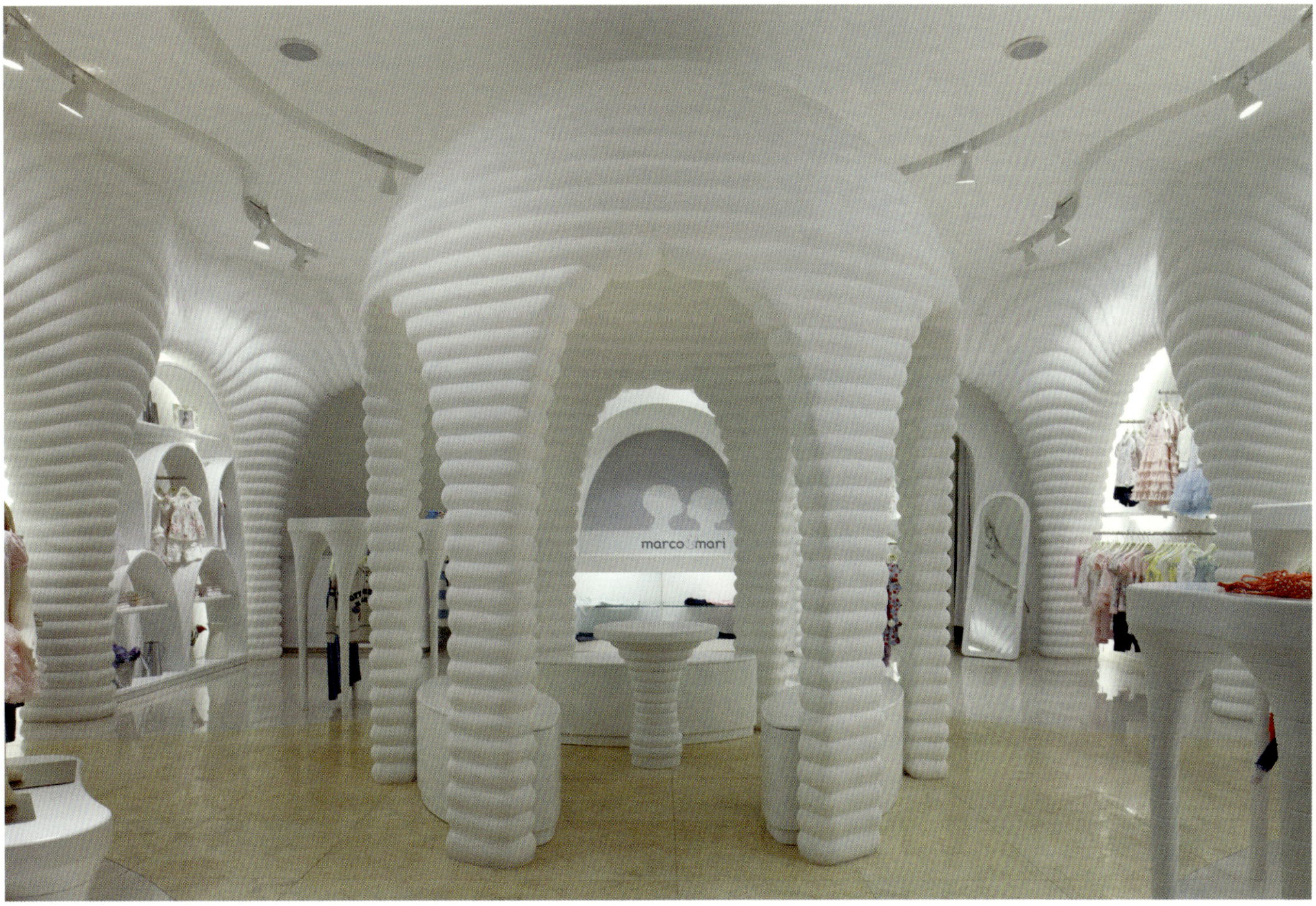

Converse 1hund (RED)
慈善鞋展

这是我们与 Converse 合作的 RED 活动，此活动旨在向消费者传达一些 Converse 的慈善活动信息。Converse 这次委任了全球 100 个设计师各设计一对以 RED 慈善为主题的 Chuck Taylor 靴子。消费者每购买一个 RED 的商品，公司都会捐赠商品利润的 1% 为非洲的 AIDS 患者购买抗病药物。我们为此举办了一个激动人心的展览，传达出 Converse 如何与设计师合作，将创意与变化结合在一起。引人注目的商品展示与设计师的作品传达他们对这次慈善活动所取得成果的期待。

我们委任一位插画家创作一件以圣保罗及其周围区域为线索的拥有当地展览特色的作品。而店里的装饰完全是用封口胶做成的，延伸到伦敦的卡尔纳比街上，成为展览的一部分。

公司：Checkland Kindleysides
设计师：Checkland Kindleysides
摄影师：Checkland Kindleysides
客户：Converse
国家或地区：英国

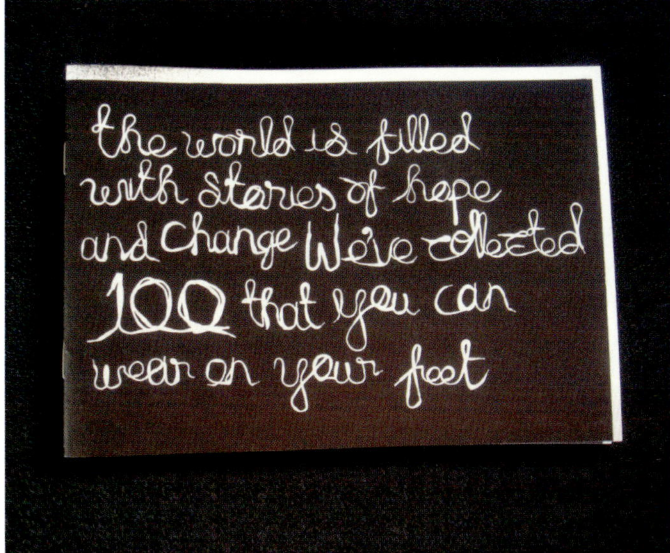
the world is filled
with stories of hope
and change We've collected
100 that you can
wear on your feet

Stories of hope and change, and
100 that you can wear on your feet

Converse
ALL STAR
9
(CONVERSE) RED
100 Shoes.
100 Artists.
100 visions
for a
better world

New Store For Timberland

运动服饰专卖店

公司：Checkland Kindleysides
设计师：Checkland Kindleysides
摄影师：Keith Parry
客户：Timberland
国家或地区：英国

作为 Westfield London 的新店展示设计的一部分，Timberland 希望 CK 给予他们的品牌标志以新的活力，用实际行动展示出他们对环保的价值观。因此，CK 以 Timberland 的标志与动态树为基础，用再生的树枝创造出一个网格，延伸到长 25 米、宽 11 米、高 8.5 米的商店外围，用该品牌的标志图像包围整间商店。为使商店的外观能创造出一个强烈的品牌印象，用磨损的钢板标志，使人一眼就能认定这就是 Timberland。

商店的结构创造出一个有趣的视角，用不同寻常的形状做展示窗口，使每一双鞋都能在一个简单的框架上展示。同时在商店前面的窗口上，用改造过的精致家具以及小道具与店内的展示做对比，用废旧木板构成的 3.5 米高大门与敞开的侧门，寓意“欢迎光临”。而在店门前，蓝色的玻璃展示桌展示了 Timberland 最新的鞋子与衣服。

这个总面积 238 平方米的商店是按性别划分的，左边是女装，右边是男装。商店的中间有一个特别的图腾，旨在告诉人们 Timberland 如何帮助并支持社区与环保的活动，如造林项目（到目前为止已经种植了超过 700,000 棵树）和其他社区活动，以及类似“serv-a-palooza”地球日的项目 (Timberland 的环保社区服务日）等。

另外，商店内的材料都是环保可再生的。店内超过 85% 的材料都是之前被使用过的，有废旧的再生的支柱与木材，有曾用于地板或家具的可持续材料。

商店里把各种各样的木板固定在不同的高度，包括展示桌也是由木板堆叠而成的，有不同的大小与高度，可根据不同的商品移动搭配使用。

天花板的木板吸引顾客进来商店，中心是主要鞋类的展示。这一部分融合了两个装饰墙，右边布满 Timberland 原始的靴皮，是弧形鞋墙，用特别设计的展示支架展示商店的主要商品，使其能够全方位地展示给顾客。

而另一边的鞋模墙则是由古老的鞋模组成的，与后面的钢铁背板形成平衡，产生既轻松又多方面的视觉营销效果。

与其他商店一样，Westfield 店也使用了自己品牌的历史照片与图画作为更衣室墙壁的装饰，对这个曾作为 1908 年奥林匹克运动场的地方表示敬意。宽敞的更衣室里贴满的大型图片，吸了顾客在四周都是书或雪山的地方试穿衣服。

另一个吸引顾客的地方就是商店里充满原始手工制作感觉的付款台。这张付款台是由木板与剩余的皮革精制而成的，与背后的木门相呼应。

Timberland 表示：“这一商店的展示设计很好地代表了这一品牌。它反映了手工制作这一传统，反映了我们与户外的关系，同时也用实际的行动反映了我们的环保价值观。店面与店内的设计呈现了 Timberland 在零售业里的独特性。”

STORE PAINTER
STEPH KENT
LEICESTER
HAD THESE
SHOES FOR
10 YEARS

LONDON·1908
DIPLOMA
OF MERIT

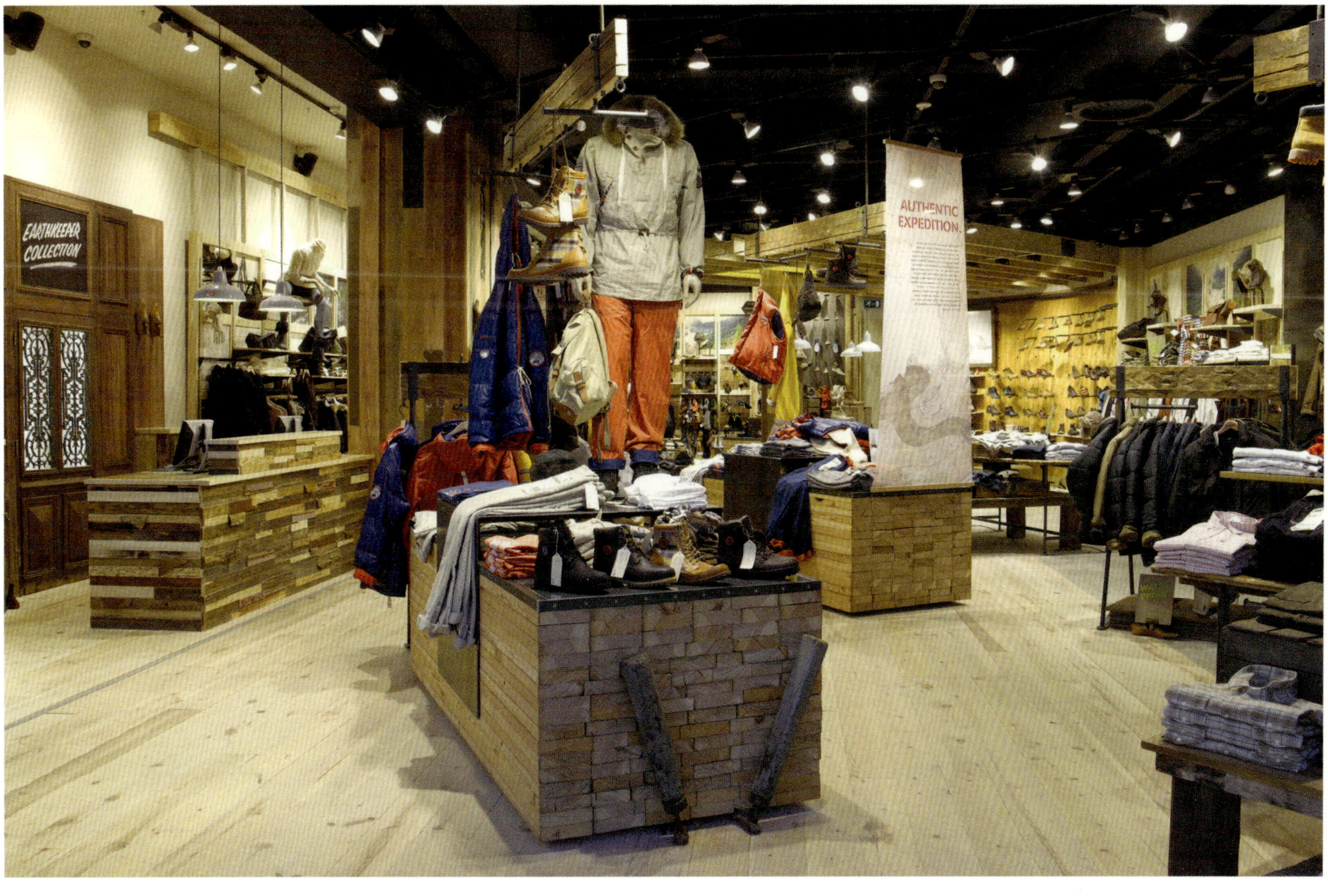

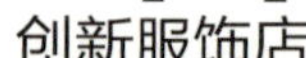

Stella McCartney Pop-Up
创新服饰店

Giles Miller 与 Stella McCartney 的最新合作项目是 Galleries Lafayette 在巴黎 Boulevard Hausmann 的大胆有趣的商店。
店内的装置包括高达 1.5~2 米的巨大 3D 纸板字母以及印有凹槽图案的金箔立方体。
这间商店是为巴黎的购物中心设计的，展示了 3 周，现在已经到了英国，并设在伦敦牛津街的 Selfridges 百货商店里展示两周。
从 2009 年初起，Giles Miller 与 Stella McCartney 已经在很多视觉营销项目上开始合作。
Giles 结合了 Stella 的凹槽图案，设计了纸板表面的图案。

设计师：Giles Miller
摄影师：Richard Corcoran
客户：Stella McCartney
国家或地区：法国

Head Office For Cheap Monday

品牌服装专卖店

这次的任务是为服装品牌 Cheap Monday 设计一个新的展示厅与办公室。他们原来的办公室是一个狭窄的，员工分散在不同房间工作的办公室，因此我们想把他们的新办公室设计得更加开放、更加有流动性，以使员工可以更容易地交流与互动。

新的办公室的面积为 900 平方米，分为两层。半独立的上层用做公开的展示厅与接待处，而下层则用做设计团队工作的私人办公室。这个地方原来是一个啤酒厂，因此我们在房子的上层简单地剥去墙上的油漆，露出原来的地板、墙壁与天花板。在设计办公室之前，我们还设计了 Cheap Monday 在哥本哈根的商店，因此展示厅里的衣服以及灯具都是哥本哈根店里的。与上层不同，我们为下层的办公室增加了一些元素。上层的四周是几个封闭的办公室，办公室的中间是一个金字塔形状的会议室。倾斜的墙壁使更多的光照进里面，创造出一种空旷的景观或地形的概念，在那里员工可以坐下工作或闲逛几步。里面的地板与墙壁是由灰色的化纤地毯覆盖而成的，营造出一个很好的环境。

公司：Uglycute
设计师：Uglycute
摄影师：Mikael Olsson
国家或地区：瑞典

Munich Valencia

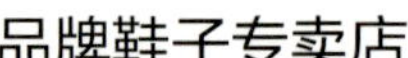

品牌鞋子专卖店

Dear design，是这个项目背后的团队，为了展示这个品牌的鞋子专门设计了灯光与露天场所。这一项目的主旨是让顾客沉浸于运动场上——一个充满灯光，并悬挂着网状物的地方。让顾客从街上进入商店，犹如从一个混乱的地方到一个有组织的地方。

交叉而成的空间里有一个不与它接触到的金属片，同时也可用来展示鞋子。不规则的网状设计是以无限重复的 X 为基础设计而成的。

网状里的每一个洞都能让展示商品更容易接近，使白色的运用更加突出。

这是这一设计的主要元素，即让顾客成为整个舞台的主角。

这个简洁的设计非常的节省材料——只需要几条用于网状的光滑的白漆铁，用于刻字的大理石，用于照明的天花板，用于木工制品的铁及用于店内设备的白色铁皮。

公司：Deardesign
设计师：Deardesign
摄影师：Munich
国家或地区：西班牙

MUNICH

MUNICH

MUNICH

Nike
运动鞋专卖店

公司：Architecture At Large
摄影师：Allen Benedikt
国家或地区：美国

纽约的建筑与室内设计师 Rafael de Cardenas 于 2010 年夏季设计了 NIKE 的商店。运动服的 STADIUM NYC，与夏季庆典世界杯相一致。de Cardenas 与 NIKE 合作，创造了一个让顾客能够体验商品、设计及创新的地方，把大量的电影、摄影及音乐结合在一起。

在零售的区域里，插图和商品都有很强的视觉效果，使得顾客无法忽略它的存在。

而在活动空间的区域里，多边形的模板单元格分散地移动与改变着，像运动场上的运动员，又像线形的花朵图案一样。

de Cardena 表示："我们以足球场为视觉的开端、旋转、回旋再复制，直到最终得到一个独特的线条图案。然后我们把这一图案应用在地板上，使它变成一个动态的运动场或足球场。这一设计可以让人移动这些三角形，并制定他们自己的舞台。"

从建筑到视觉艺术和项目规划，STADIUM NYC 会持续关注不同的合作设计师，以传达贯穿 2010 年夏季到秋季的足球创意。

Ichnusa-Luise

高端鞋类专卖店

设计师：Peter Ippolito,Gunter Fleitz, Silke Hoffmann,Judy Hanel, Britta Kleweken
摄影师：Zooey Braun
客户：Sigrun Woehr, Karlsruhe
国家或地区：德国

Sigrun Woehr 是巴登一符腾堡州里的一个高端鞋类专卖店。2003 年我们设计了 Sigrun Woehr 在巴登一符腾堡州的旗舰店。这次我们的任务是完成 Sigrun Woehr 在卡尔斯鲁厄的第二间旗舰店的室内装修设计。这间商店对于 Sigrun Woehr 来说有一个新需求，因为扩大了他们的经营范围，还包括了服装饰品这一新系列。这间新店将座落于城市中心的店铺中，是一间长达 25 米的店铺。我们的任务是创造一个利于展示商店独特商品的空间条件，同时在顾客经过商店门口的那一瞬间吸引顾客的眼球。

店内的天花板经过特别的设计后形成商店强烈的第一印象。店内的天花板向着店内后墙的方向逐渐降低，使得整个商店更加具有流动性，创造出一种空间吸引力。由 3 个圆形组成的天花板图案分别以优雅时尚的紫罗兰色、桃红色以及粉红色 3 种颜色呈现，成为店内的一个焦点，吸引顾客进入店内。

深沉的橡木地板为整个商店创造出一种持续流动的空间感，与天花板形成强烈的对比。每一个配件都是根据店内的背景准备的，每一个都与天花板的颜色搭配。位于店中心的 3 个区域都由 3 个不同的元素作为核心，并把这 3 个区域区分开，而这 3 个元素的几何图形都是精心挑选出来的。在商店门口的不规则展示区给整个品牌注入欢乐的感觉，它的不规则设计更能吸引一些具有好奇心的顾客到店内。下一个要介绍的区域是付款处，其分层的长方形设计形成一种流动的效果，而凹陷的空间正好做玻璃的陈列柜。付款处的正对面是整套的圆桌，不同高度、不同大小、不同表面材料的桌子（有的是镜面，有的是玻璃，有的是钢铁），创造出商店的第二个吸引点。第三个要推荐的区域是商店中心的两大特色。两大支撑柱隐藏在独立的展示架里，包含了不同大小的展示柜，用灵活的黑色隔板隔开。把展示架以多边形的元素组合在一起，同时起到与顾客交流、传达信息的作用。在三大区域的后面是灰色与米黄色的墙壁。白色的展示架有的镶在墙上，有的叠加在凹陷的墙上。店内的灯光照明系统与所有展示的商品完美地结合在一起。

在商店的最里面是专门为新的高端时尚系列设计的单独区域。该区域有两个人体模型站在一个六角形磨砂玻璃墙前面，这个六角形形象地把空间划分开来，同时磨砂玻璃形成了一个半透明的过滤器。圆形的镜膜经过独特的切割，与天花板的圆形成为同心圆。这一区域由一张巨大的椭圆形桌子为主导，置于一张豪华的粉红色地毯上。桌子上方的天花板是镜面的，呈凹陷状。安装了 4 盏装饰灯，使其从整个项目的开始一直延伸到整个商店空间里。这个区域的墙壁呈香槟色的鳄鱼皮纹，创造出一个时尚的背景。Sigrun Woehr 卡尔斯鲁厄旗舰店以突出的配件和强烈的天花图案划分出几个单独的区域，成功地开发了其难以利用的空间。商品通过流动性的墙壁设计完美地呈现在大家面前，商店中心的几个展示区域与核心元素使商品的展示更加完整、丰富。新的服装系列在专用的区域里展示，形成一种独特的视觉效果，却仍然与整个设计理念相一致，构成一种连贯一致而又引人注目的商店展示设计。

The Hirshleifer's Shoe Store

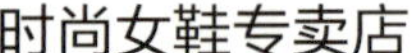

时尚女鞋专卖店

这是 Hirshleifer 在纽约曼哈赛特的鞋店，建于 2009 年 9 月，主要借鉴了意大利与美国的艺术与设计，从而向世界艺术与设计历史致敬。

这一空间参照了形而上学的形式，一眼不能完全看到里面，运用了两种相对的主题：第一种是极简抽象主义，严密的以及精准的提及到一些美国人物(如 Sol LeWitt、 Carl Andre 以及 Donald Judd) 的肉体与精神；第二种是富裕的、世俗的、颓废的及出人意料的 Radical 设计团队，改变了 20 世纪 60 年代末到 80 年代的意大利设计进程。

Sergio Mannino 纯熟地讨论了两种主题风格的趋势，包含矛盾的统一体创造一种令人惊喜的效果，并通过诙谐的舞台与严格的精准度创造出一种空间与时间的体验。

极简抽象主义严格的形式受到了“疯狂”的挑战，一些意想不到的元素总能吸引你的眼球：玻璃橱柜坐落在沙发上(参考 1967 年意大利建筑师 Gio Ponti 的作品)；轻微卷曲的霓虹灯用白色的人造光点亮(参考了 20 世纪 60 年代的意大利艺术世界，这里是 Lucio Fontana 的 Concetti Spaziali)；血红色的墙壁为整个场景提供背景，犹如身处电影院般，什么都没有的商店给人以一种真实自然的感觉；地板采用了木纹的瓷砖；柔软的 Fjord 红宝石布置在纤维与皮革上；把生物形态与几何形状深深地嵌入整个空间，有光泽的涂料或霓虹灯效果突出了喧闹中的安静，这正是我们的宣言。

公司：Sergio Mannino Studio

设计师：Sergio Mannino, Garnet Spagrud, Francesco Bruni, Francesca Scalettaris

摄影师：Massimiliano Bolzonella

国家或地区：美国

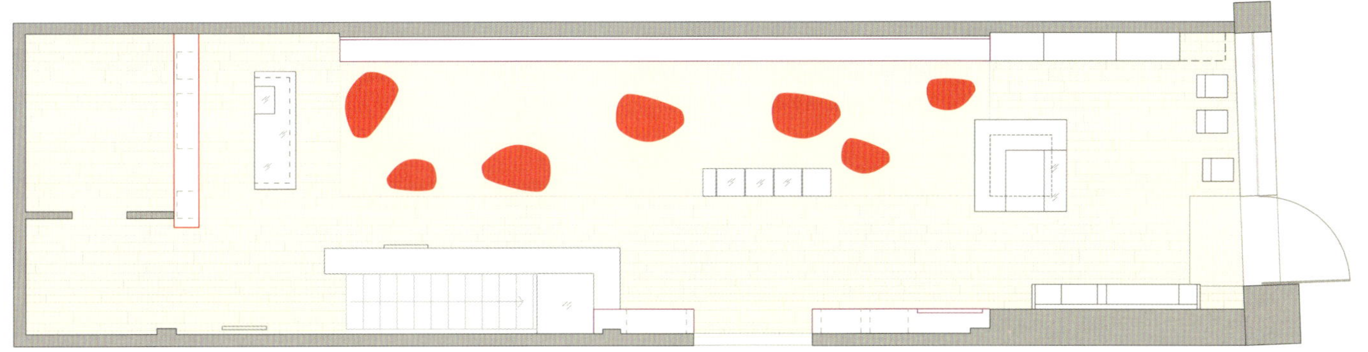

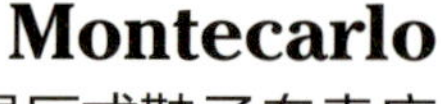

Montecarlo
展厅式鞋子专卖店

公司：Uno Design
设计师：Uno Design
国家或地区：意大利

小空间可以达到简约的效果，但必须结合展示厅的需要。
Montecarlo 以突出的商店展示设计呈现在城市的中心。
当你经过商店的门口，会从商店的细节上意识到这个商店的价值，实际上，小型的展示厅集合了整个设计的性质，并包含在设计里面。
墙纸、镜子及镶钻吊灯的运用，放大了商店的空间。这说明，如果你充分地利用这个空间的每个地方，小型空间同样也可以达到大方得体的效果。
最终成品通过纯洁的白色、大胆的金色与树脂地板相结合，传达出一种简洁干净而饱满的感觉。
可见，围绕在我们身边的想法或事物都是不可缺少的元素。

MONTICARLO

RICHMOND

Levi's Berlin

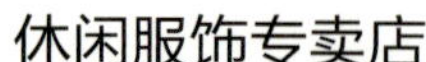

休闲服饰专卖店

这间商店要创造一个让顾客沉浸在 Levi's 精神里的环境。这间店位于柏林市中心，商店的门口是引人注目的 3 层巨大拱窗。
创造一个培养 Levi's 与设计师、音乐家及电影制作人合作的空间，把国内外年轻的创意结合在一起，这一新鲜做法就是 Levi's 柏林店的一个最终目标。
商店首层和通往二楼的楼梯与商店宏伟的门口相比会显得比较小，但是这为宽敞的二楼打下了铺垫。店内一条惊艳的旋转楼梯成为了层与层之间的一大焦点，也是店内的一大特色。这与店内的平面背景形成对比，寓意着 Levi's 从刚开始到今天这一地位的时间轴。
商店的首层是展示 Levi's“新奇”与“创新”商品的地方，同时也是展示当地一些设计师、音乐家及电影制作人的艺术作品的地方。Levi's Blue 在商店的第二层展示，这里被设计成简单清澈的白色，用鲜艳的橙色服装作为整个空间的点缀。在商店的第三层，我们设计了一系列的顾客体验室。首先是一个展示 Levi's 最受欢迎的牛仔裤——Levi's 501™ 的空间，然后是一个较大的展示 Levi's 主流系列商品的空间。一个 3 米高的牛仔拱顶展示了世界各地的 Levi's 的牛仔收藏品，为牛仔爱好者创造了一个牛仔圣地。店内的员工像商店里的“馆长”一样，能够为顾客提供专业的 Levi's 知识，让顾客发现更多 Levi's 有趣的东西，从而变得更加热情，甚至沉迷于这个品牌。“被邀请的”顾客会被带到一个拱顶的门前，并通往一个密室。在皮制地板与红木橱柜的密室里，展示了被珍藏起来的珍品，它是牛仔的天堂。这间商店表达了 Levi's 品牌的不同个性，创造出一个个效果强烈的区域，集合起来表现了 Levi's 的根本思想与精神。

公司：Checkland Kindleysides
设计师：Checkland Kindleysides
摄影师：Daniel Grund
客户：Levi's
国家或地区：英国

AMERICA
LEVI'S

SKINNY

Levi's
Levi's
Levi's
Levi's

New Flagship Store For Levi's On Regent Street

牛仔类服装店

公司：Checkland Kindleysides
设计师：Checkland Kindleysides
摄影师：Keith Parry
客户：Levi's
国家或地区：英国

这间商店被设计成一个工匠的工作环境，当你踏进去的那一刻就像是从街上走进一个“庭院”，里面是一个开放式展览，感觉像是到了一个景点一样。在刷白的天花板与建有回收砖墙的店前，有一个灯光照射下的通风大门，这一过渡空间称为“原点”，占有 80 平方米的面积。这一部分仅仅是展示了手工制作的屏模，创造出生动、迷人而赋有创意的 Levi's 王国。在“原点”里将会展示一切专营商品与艺术品，为时装零售业带来高水平的合作机会与一定程度的影响力。它还会强调新的创意商品，抓住人们的想象力，把年轻的创意与工厂的工匠连接在一起，吸引顾客做更进一步的了解。穿过两扇工厂大门，顾客会进入到商店的主要部分，那里展示了商店的最新商品。那里是一个干净且充满工业感觉的空间，看上去像一个工厂。这一设计非常精致而真实，强烈而有意思。因此，在这个持续变化而忙绿的环境里，家具与设备都是简单、功能性强且可灵活运用的。这里是表达创新、引进新奇商品的地方，它充满了商品，却仍保持宽敞的环境与轮廓分明的空间。

商店的中央设有一个现代杂货店收银台，其使用的材料与建造方法是：一个金属的框架里是一个奶油色的磁漆火炉与佐治亚式夹丝玻璃嵌板，以形成一个工业反差。

B
C
D
E
B1
B2
B3
B4
B5
C1
C2
C3
D1
D2
D3
D4
E2
E4

GIGALOVE

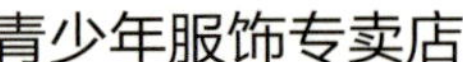

青少年服饰专卖店

这是 GIGALOVE 品牌的第一间商店，一间位于商业中心的商店，我们这次的挑战是在已有的环境与元素里用有限的空间与常用语言设计这一商店。
整间商店一共分为两个部分，主要部分为大型销售柜台、商品展示区域、瓷砖墙、已有的假楼梯与假门；另一部分用不同的屏风隔开（双层的有机玻璃），形成一个高大的展示架子以及 3 个更衣室，每一个窗户都用不同的格子布覆盖着。
走廊里有一个灯饰天花板，一些用于展示的挂钩以及两面反射镜面墙，创造出无限楼梯的效果。
整个商店展示设计以绿色金属手推车为主，通过不同形状的小孔方式呈现，（其中包括心形的），手推车上面可挂上各种各样的装饰品（如铁通、架子、挂钩等）。
店内一面长达 8 米的墙上贴满印有蓝色色调图案的白色瓷砖，瓷砖上的图案代表了与这个城市相关的标志与主题，这将沿用于将来开店的设计中，并根据商店坐落的城市作出相应的调整与变化。
六边形的收银台以及悬挂在空中的帽子完全用镜面覆盖，像由 6 个巨大音响组成的万花筒。
商店的地板是用古老粗糙的工业木材做成的，从木制的地板到玻璃屏风的设计都避免了典型的商业化展示设计模式，采用两块黑色的金属招牌构架出店内的景观。
当你经过的时候，会看到有机玻璃屏风把店内的东西隐藏起来，只能通过 90 度的角度观看到商店内部。
不同的语言表达与装饰手法挑战着大型行销规则，为青少年顾客提供了一个新的服装品牌。

公司：Antonio Gardoni Studio
创意总监：Antonio Gardoni
设计师：Antonio Gardoni
摄影师：Antonio Gardoni
客户：Eurosport
国家或地区：意大利

GIGALOVE
GIGALOVE
gigalove

GIGALOVE
GIGAL

gigalove
ALLYOUNE
SGIGALOVE

GOODS

怀旧风格服装店

“没有丢失，没有创造，只有改变”。

这一项目的主旨是创造一个适合展示各种类型商品的现代商店，在某种程度上达到销售一切东西的目的，包括：衣服、配件、家居装饰、吉他、帽子、书本等，这一项目的地点是一个大的空旷空间，位于布雷西亚的一个村庄里。

如何在不知道商品属性与特质的情况下展示商品，是需要解决的一个主要问题，而最后的设计方案就是这一问题的答案。

由于没有指定商品，因此只能从地板与天花板上进行变化，把它们的表面以及外露的水槽表面涂上普通的灰色，用黄色的、流行的内部装修作衬托。

门上的铰链、导轨、旋转系统、平衡板、可折叠门、卷帘及橱柜都只是为了把灰色的商店变得更加明亮，显示出无穷而灵活的展示机会。

录像与 LED 屏幕的运用是为了不间断地传达出店内不断变化的信息，结合一系列荧光灯管，在荧光灯开灭的瞬间形成一个个艺术品。

一系列不同大小，挂上不同装饰品（吊管或架子）的手推车展示在商店的中央，当不需要用时，可将它们存放在后面的小仓库中。

商店外面的大型银屏标牌展示了当时举行的商业活动，在侧窗的黑板上标有不断变化的数字，成为某一商业活动的倒计时。

GOODS 是一个以普通陈旧的元素以及典型老套的零售店世界为条件的商店展示设计项目，创造出一个不稳定而带有细微干扰性的空间。

公司：Antonio Gardoni Studio
创意总监：Antonio Gardoni
设计师：Antonio Gardoni
摄影师：Antonio Gardoni
客户：Ascom
国家或地区：意大利

V2K Nisantası

顶级时装店

这是最新的独一无二的 V2K 商店展示设计。这间商店位于伊斯坦堡中心的高级购物区，突出的倾斜入口吸引着顾客浏览来自世界各地顶级设计师的服装。一条大型的倾斜圆柱伸展并穿过店内的阁楼，为通往店内的门口创造出令人难忘的空间。同时，侧墙上的网格与灯泡排列成一个口号，成为强而有力的标语，并可随时更改。

公司：Autoban
摄影师：Ali Bekman
国家或地区：土耳其

ERDEM
BAND OF OUTSIDERS
PHI

Tee Time

VAKKO Nisantasi
著名品牌服装店

VAKKO 旗舰店是一个坚持表现城市真我的著名奢华品牌。Autoban 选择豪华的材料以及定制的沙发装饰于五层的商店中。店内特别订做的皱褶灯罩的灵感来源于 VAKKO 旋转的商标。整齐简单的室内墙壁设计加上一些豪华的元素，与品牌的定位相呼应。

公司：Autoban
摄影师：Ali Bekman
国家或地区：土耳其

VAKKO

DOUBLE OO'09

品牌服装展示店

DOUBLE OO'09 商店空间由两个弧形组成。一个大弧形倾斜地延伸到店内，让人感觉店内有一条通往街上的道路。过道与另一个弧形的天花板形成一种 3D 效果。 分析该空间的环境（建筑物的结构、布置、所在的街道及位置等），我认为这个空间的构建是巧妙而神秘的，并能够通过过道深入到店内，让经过的人们都能够自然而然地被这间商店所吸引。因此，我决定利用这两个弧形（一个是延伸到店外的弧形墙壁，另一个是像洞穴一样的弧形天花板）来完美地表现商店。

公司：CASE-REAL
设计师：Koichi Futatsumatai
摄影师：Hiroshi Mizusaki
客户：Alohanine
国家或地区：日本

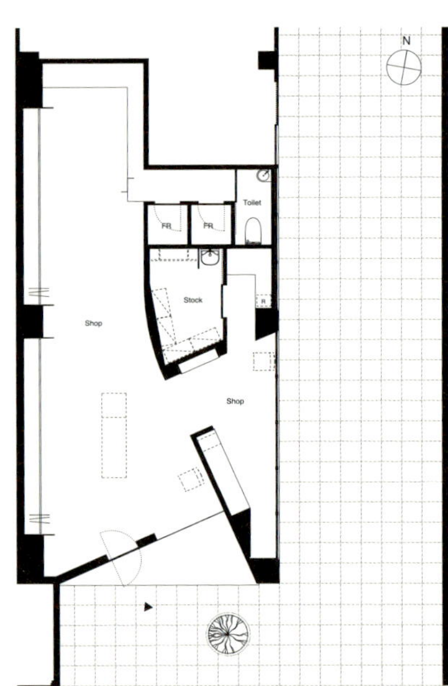

DOUBLE OO'96

服装展示与办公综合空间

公司：CASE-REAL
设计师：Koichi Futatsumatai
摄影师：Hiroshi Mizusaki
客户：Alohanine
国家或地区：日本

DOUBLE OO'96 是一个拥有 100 年历史的双层小屋。大约在 40 年前，它只是一间人字形屋顶延伸到阳台的小木屋。这次的项目是把这个小屋设计成一个办公以及展示厅。40 年前，屋子的阳台在没有任何规划的情况下进行了扩建，里面有许多大大小小的框架，例如横梁、柱子及一捆捆悬挂在空中的线。刚开始我对于这个项目的态度很消极，但当我用不同的角度来看它时，发现它是一个很特别的项目。经过一定程度的加强巩固后，我把整个空间表面，包括地板、墙壁及楼顶都涂上了均匀的灰色，现在整间屋里只有悬挂在空中的框架是白色的。这是一间历史悠久，用来展示衣服的阁楼式办公室与展示厅。

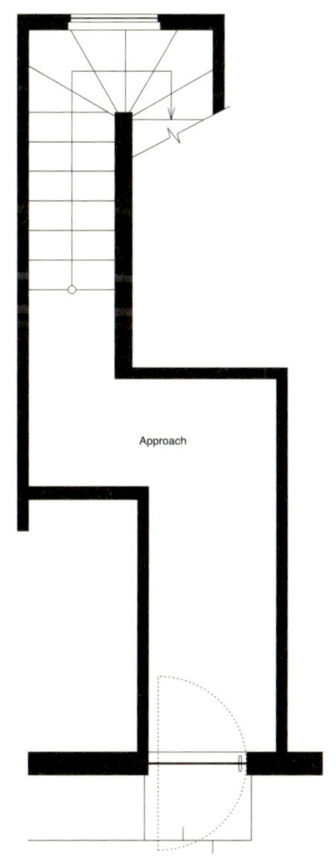

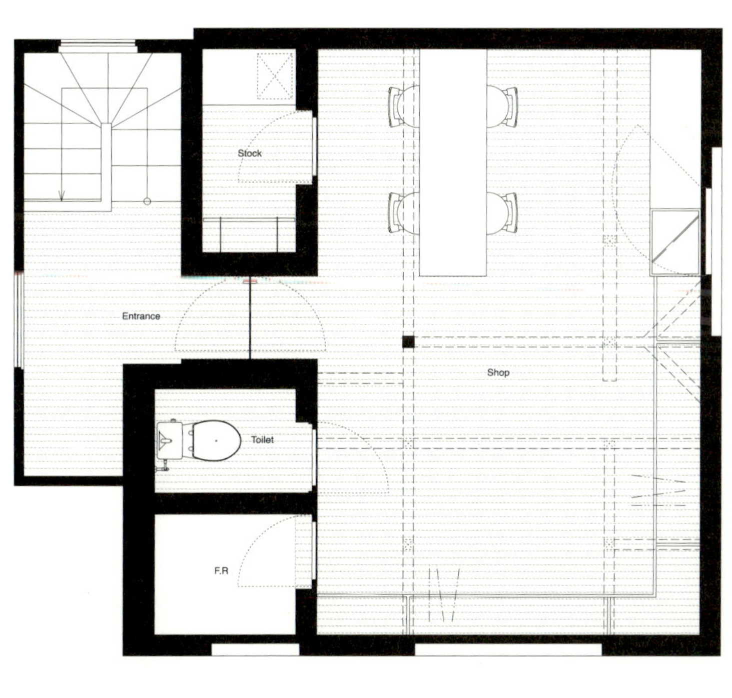

1st floor plan

2nd floor plan

N

0 0.5 1 2M

Minorityrev

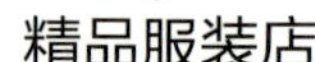

精品服装店

“一间值得回味的精品店”项目旨在把一间 30 年历史的旧工厂改造成一间日本高级精品店，它位于距离福冈市两个车站远的住宅区。在商店的首层，我保留了一些工厂原有的粗糙而强烈的细节，并尽可能地还原工厂原有的地板。

在保持原有记忆的同时以一个全新的姿态出现在同一个地方，利用葡萄藤包围整栋建筑的外壁，形成一个环绕着绿色的新生时尚精品店，像公园里的植物、街上的树木一样。相信时间会让这个新的建筑成为另一个经典。

公司：CASE-REAL
设计师： Koichi Futatsumata
摄影师：Hiroshi Mizusaki
客户：Minorityrev
国家或地区：日本

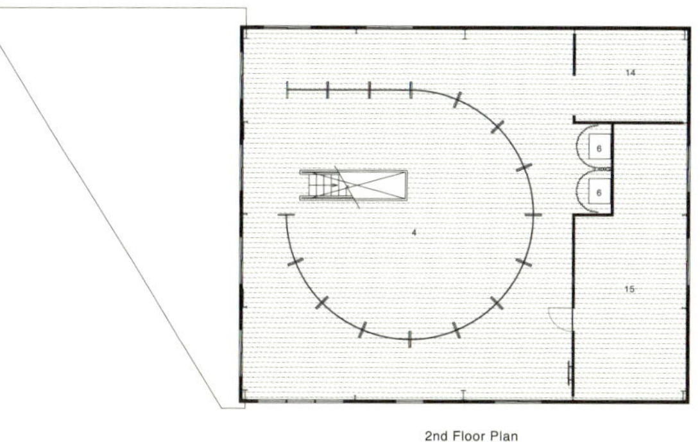

2nd Floor Plan

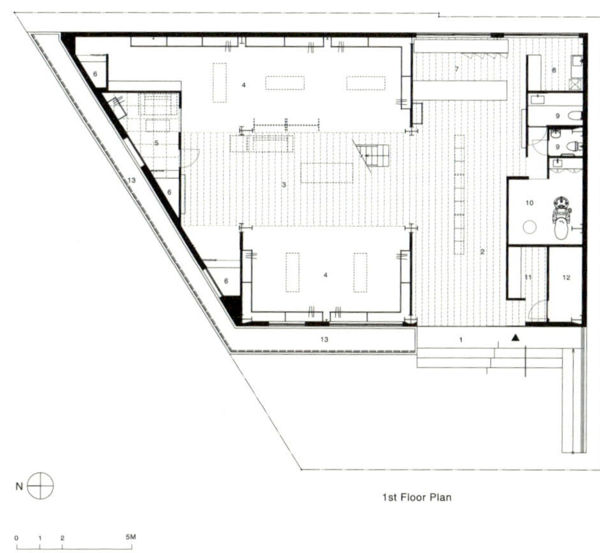

1st Floor Plan

legend
1. entrance
2. approach / display
3. shop / display
4. shop
5. VIP room
6. fitting room
7. reception
8. staff room
9. toilet
10. beauty salon
11. smoking room
12. stock
13. flowerbed
14. gallery
15. office / stock

Lurdes Bergada & Syngman Cucala

品牌服装旗舰店

这是一间由巴塞罗纳的 Deardesign 工作室设计的商店，它是 Lurdes Bergada & Syngman Cucala 新开的旗舰店，位于城市中心最大的购物商场 L' Illa Diagonal 里。Deardesign 的任务是探索一个新的形式，研究零售领域里的建筑准则。这间商店被清晰地划分为两个区域，一个是以木材为背景，展示与服装店有关的工艺方面物品的区域，另一个则是以服装为焦点的区域。这一项目旨在保持 Lurdes Bergada & Syngman Cucala 现有商店的共同特点：工业、与众不同而简约，再加上一些现代的建筑元素。这次的主要想法是设计一个开放式的空间，让购物商场公园里的阳光透射进店内，从而使顾客有一种即使身处商店中，仍被自然光包围的感觉。在这里 Deardesign 运用了 l' Illa Diagonal 商场的主要理念，让你在商场购物时犹如身处林荫大道一样。因此我们的设计团队决定把店内的各个区域（仓库、试衣室、电线板及两个小窗户）集合到一个由 1000 块木板和 2400 个螺丝构成的木制艺术品里。木制的外表能隐藏所有大型的物品，使商店的顶部更加干净清晰。商店内部的设计向顾客完整地展示了它的优秀工艺，让人联想起纤维、卷边、缝合等。这反映了制作服装的分工的重要性，加强了品牌要传达的理念：简约、纯朴及专业。店内有一个木制的不规则三角形构成的现代摇滚洞穴，天然的山毛榉木与水泥的墙壁形成鲜明的对比，每一个三角形都是独一无二的，并排上序号使其更易于组合。该品牌的大多数商店都保留了商店所在地建筑的历史轨迹。这个设计的主要目的是在尊重原始环境的前提下重新改造有行业特色的建筑。采用一些基本材料，如刷墙用的水泥以及用于地板的超细水泥，这些普通的材料使这间商店看上去更加简单舒服，更进一步强化了品牌的理念。Lurdes Bergada 与他的儿子 Syngman Cucala 以他们设计的优秀而高质量的服装而闻名。他们于 1978 年在巴黎开了第一间商店，其品牌正式在巴黎市场推出。Syngman Cucala 被引进到世界各地国际多品牌商店中，其中包括法国、意大利、比利时、英国、俄国、日本以及美国。这间位于巴塞罗那 l' illa Diagonal 商场里的店，想加强他们不断自我创新的能力，追求前卫的零售与设计。

公司：Deardesign
客户：Lurdes Bergada & Syngman Cucala
国家或地区：西班牙

YNGMAN CUCALA
LURDES BERGADA
SYNGMAN CUCALA

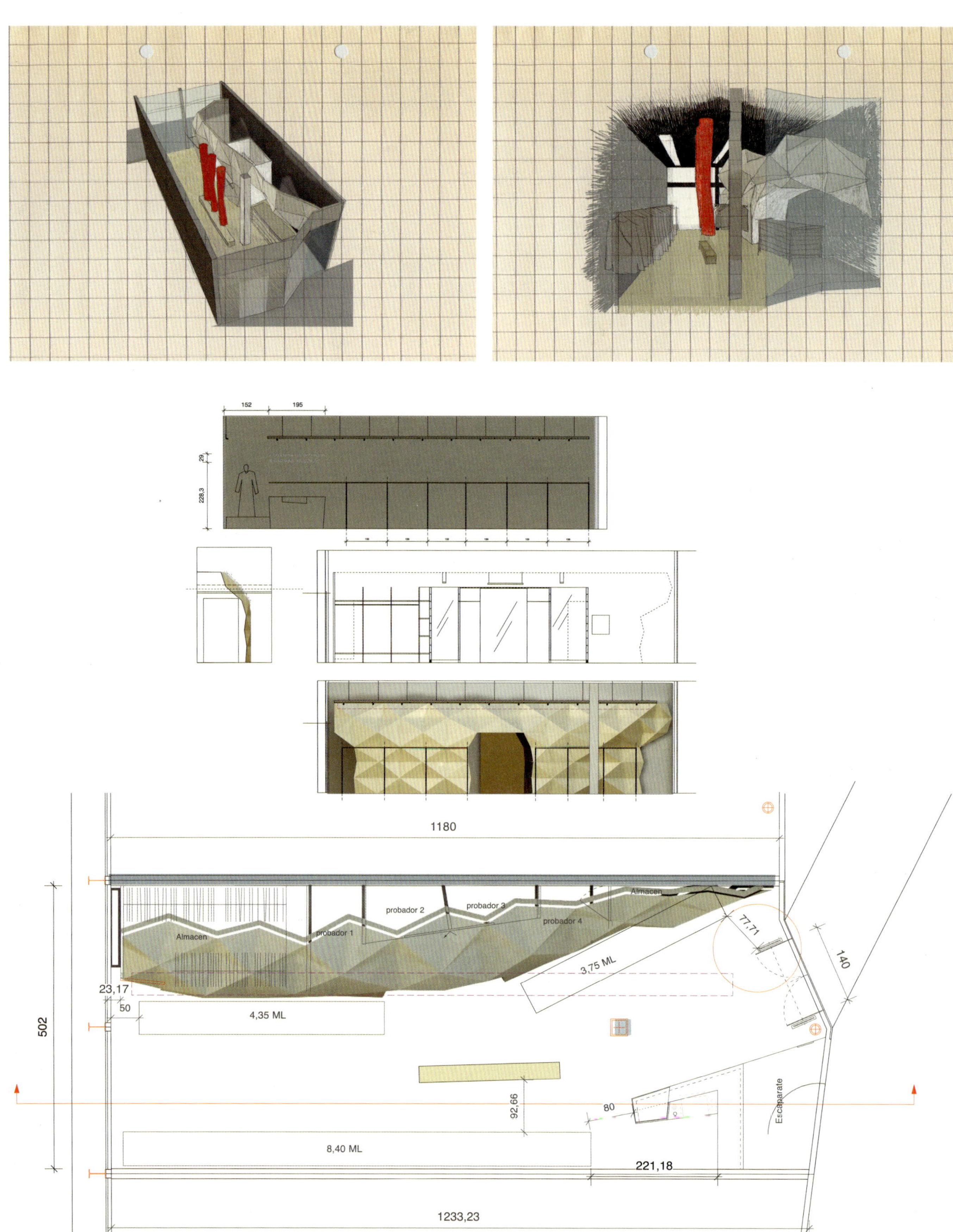

152
195
29
228,3
1180
Almacen
probador 1
probador 2
probador 3
probador 4
Almacen
77,71
140
3,75 ML
23,17
50
4,35 ML
502
92,66
80
Escaparate
8,40 ML
221,18
1233,23

SYNGMAN CUCALA

BERGADA
SYNGMAN CUCALA

Dieguez Fridman Arquitectos & Asociados

品牌服装店

公司：Tristan Dieguez
客户：AYRES
国家或地区：阿根廷

这个项目需要通过店内的布置探索物件与空间之间的呼应关系，从抽象上表达它的感官感受以及发生改变的多元性，也就是说，需要从不同的角度去感受与解释它。

与形式形成对比，材质与颜色存在于商店空间的建筑元素中：一方面是地板、墙壁及天花板，另一方面是其他形式的应用。

当一个空盒子是直角时，其他物品就要避免是平角或平行线。同样盒子的特色是其粗糙的材质以及不完美的灰色，那么该物体要突出的就是它的形状以及其平滑的白色表面。我们选择Corian 作为材料，与有纹理的墙壁、水泥地及采用暴露技术的天花板形成对比。

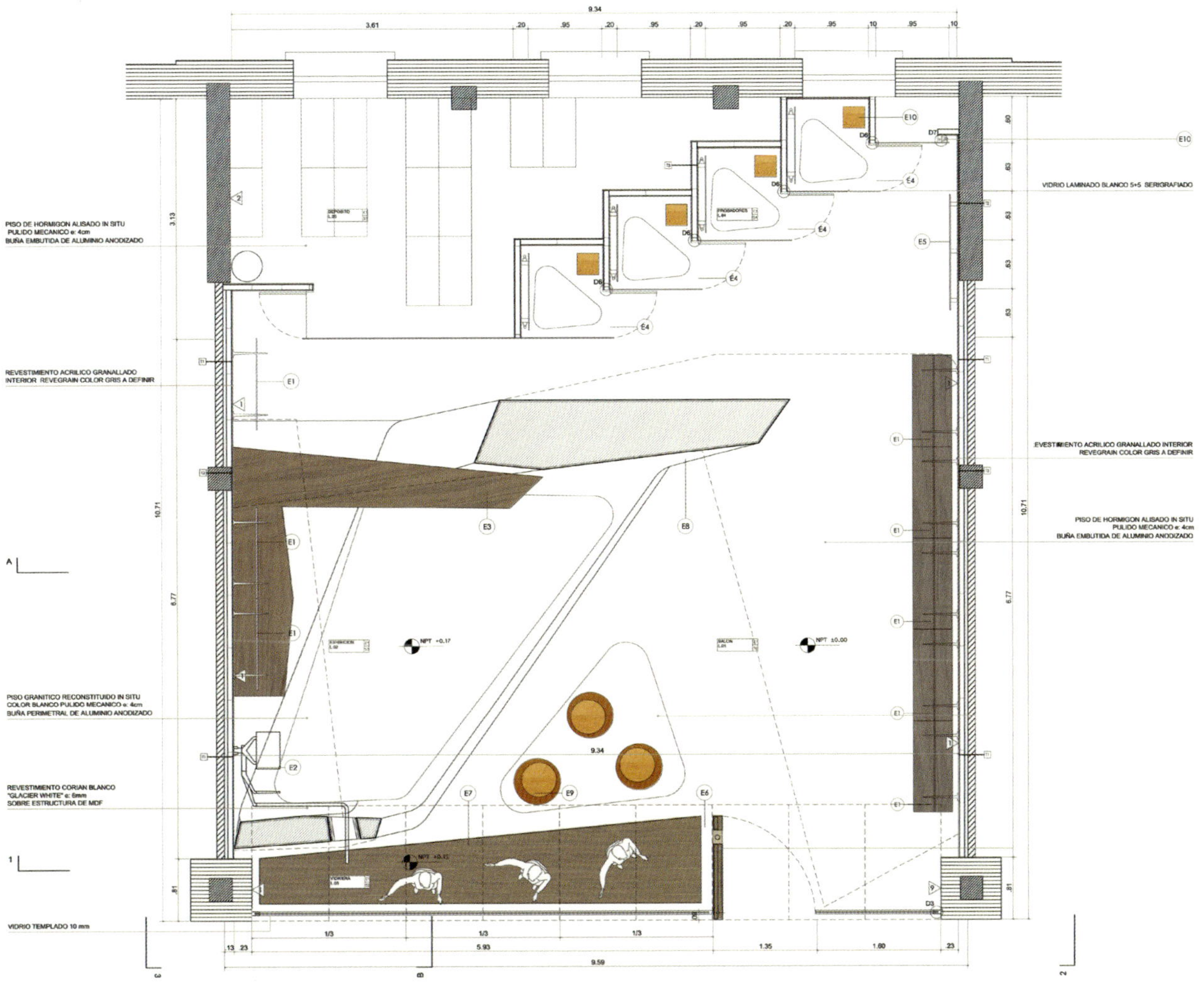

PISO DE HORMIGON ALISADO IN SITU
PULIDO MECANICO e: 4cm
BUÑA EMBUTIDA DE ALUMINIO ANODIZADO

REVESTIMIENTO ACRILICO GRANALLADO
INTERIOR REVEGRAIN COLOR GRIS A DEFINIR

PISO GRANITICO RECONSTITUIDO IN SITU
COLOR BLANCO PULIDO MECANICO e: 4cm
BUÑA PERIMETRAL DE ALUMINIO ANODIZADO

REVESTIMIENTO CORIAN BLANCO
"GLACIER WHITE" e: 6mm
SOBRE ESTRUCTURA DE MDF

VIDRIO TEMPLADO 10 mm

VIDRIO LAMINADO BLANCO 5+5 SERIGRAFIADO

EVESTIMIENTO ACRILICO GRANALLADO INTERIOR
REVEGRAIN COLOR GRIS A DEFINIR

PISO DE HORMIGON ALISADO IN SITU
PULIDO MECANICO e: 4cm
BUÑA EMBUTIDA DE ALUMINIO ANODIZADO

BMW Lifestyle

新概念生活店

公司：Eightsixthree architecture interiors
设计师：Mr. Ed Yuen
摄影师：Mr. Elion Yau Ying Ching (eightsixthree)
客户：Alohanine
国家或地区：中国

创造一个 BMW 新概念生活店，使顾客都惊叹！

目标

创造一间强调 BMW 生活方式的商店，反映该品牌的奢华与高质量，通过这样的一间商店使顾客向往成为这种生活方式的一部分。设计一间加强 BMW 品牌价值与名誉的商店，同时为购物添加一些刺激与激情。

理念

设计理念是从我们最近喜爱的 BMW 高品质的跑车——M1、Z8 与 Z4 开始的，把这些跑车的形式巧妙地转化并融入到一个创新的销售环境中。

我们的目标是创造一间视觉强烈、有活力、优雅而且经典的店面，让经过的人都想更进一步地看看商店里面的陈设，最终从 BMW 的车身里得到灵感。创造一个开放式的门口，让人一眼就能看到商店里面，从而形成一个动态的展示窗口。因此，我们把插槽装在天花板以及可移动的平台上，与橱窗展示相结合。

在店面颜色的选择上，我们经过了多次的筛选，希望选择一种能最好地展示商品经典的颜色。同时我们认为选择的颜色必须与现在 BMW 典型的颜色相协调，反映出 BMW 的企业标识。因此我们在选择了 BMW 跑车的颜色的同时，保留了 rein Weiss 的白色以及 signal Lau 的蓝色，结合了高辨认度的蓝色斜纹墙壁与应用在 BMW 的 M 系列车上的标志。店内所运用的图案都是汽车行业里常用的。

通过商店的门口，我们希望顾客能够更加容易地看到店内的一切，更加清晰地看到多层次的展示商品。因此我们设计了高、中、低 3 个规格的展示台。我们的想法是把商品展示在地板上，低层的是玻璃柜台，中层的悬挂在吊杆上，高层的则是展示在墙上。

所有的展示装置与配件，如展示台、陈列柜、碳纤维吊杆及装饰墙等都是根据它们所需的尺寸定做的，将低层平台设计成一个时装秀伸展台，用于展示行李箱与自行车。用于展示 M 系列的展示柜是根据 BMW 的圆形标志设计的，可展示一些小东西在玻璃展示柜里。

黑色的碳纤维吊杆，坚硬、有承载力而且轻巧。之所以使用这种材料是因为我们想打破常规，展示一些看上去很贵的未来主义材料。碳纤维管在市场上随处可见，但是它们的不锈钢幼纹面 3 路连接线头是由 eightsixthree 订做的。整个系统在运输之前可在厂中组合并检查，以保证快速而精准。

PETRONAS

BMW Lifestyle

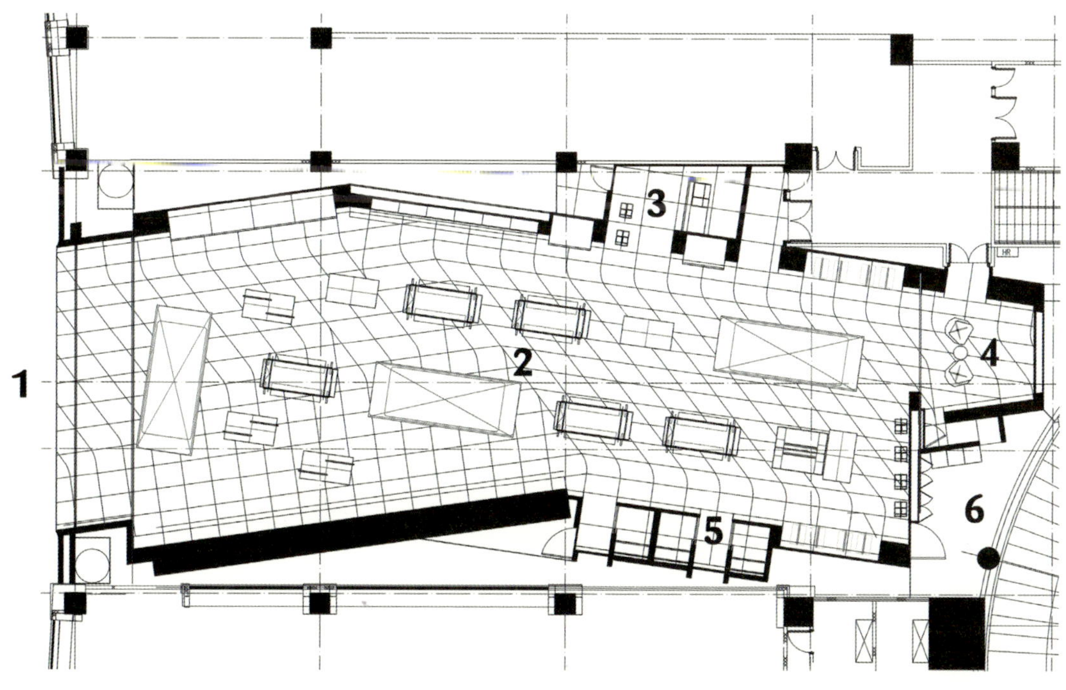

1 shopfront

2 display areas

3 cash wrap

4 VIP lounge

5 fitting rooms

6 BOH

Lik+ Neon
个性服装店

Lik+Neon 委任设计师 Gitta Gschwendtner 重新设计他们在伦敦的商店。Lik+Neon 主要销售一些特别的 T-shirt、艺术杂志、室内装饰品、饰品及艺术作品等。这次设计的理念是根据多变的展示，设计一个并排随机、灵活整合的弹力绳，创造出一个整齐划一的展示网络，展示杂志，CD 与唱片的漂亮的封面，使它们都成为一个个独立的艺术品。与这一动态形成对比的是随机钉在墙上的正方形展示夹，形成了一个个展示图画、T-shirt 及饰品的装饰物。固定夹形成一种搞怪的效果，延续了 Gschwendtner 突出的一次性天花板设计——用几百个塑胶牛奶罐设计而成的照明系统，形成了 3 个漂浮在空中的抽象云朵，照亮了整个白色的商店。

公司：Gitta Gschwendtner UK
设计师：Gitta Gschwendtner
摄影师：Uli Schade
客户：Lik+Neon
国家或地区：英国

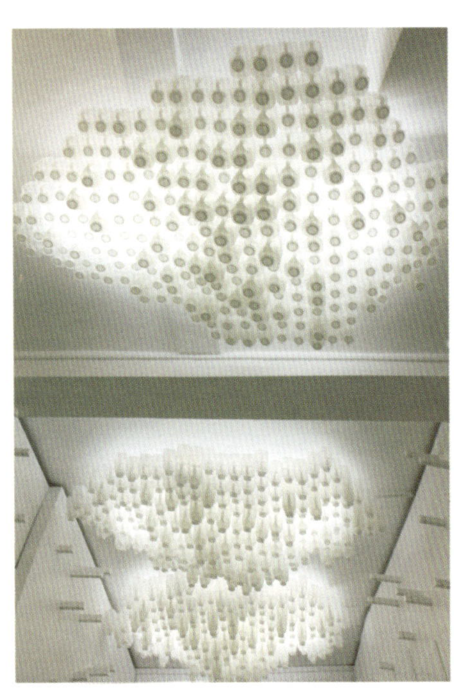

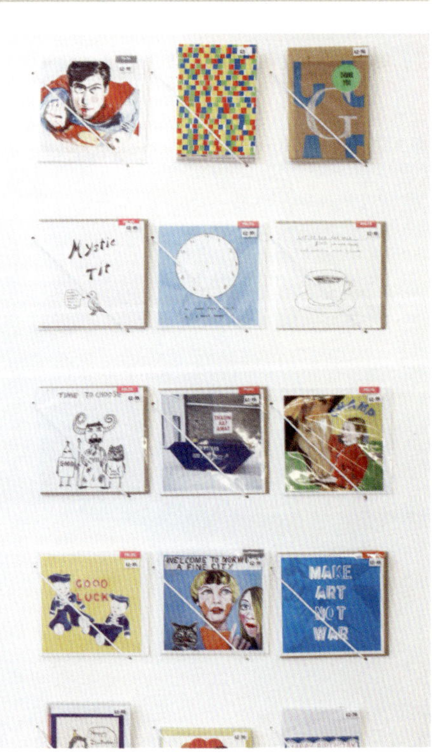

FLUX
love
me

Rhus Ovata

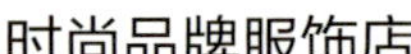

时尚品牌服饰店

公司：k1p3 architects
设计师：Karina Tollman
+ Philipp thomanek
摄影师：Daniel Sheriff
客户：Einav and Hadas Zucker
国家或地区：以色列

时尚品牌 Rhus Ovata 在特拉维夫市的新的旗舰店。

这间商店位于繁华的商业街，Rhus Ovata 品牌把自己定位为一个颠覆传统的形象。这间商店的设计理念来源于它的位置，在强调商店深度的同时创造出一个水平线，与街道形成对比。商店正面利用钢管形成展示橱窗的上下部，营造出一个清晰的水平轨道，加上灯光效果，吸引经过的顾客进入店内。

商店的后墙上陈列着一个后花园——展示柜，展示柜上的绘画风格引用了当代艺术。

商店里展示了 Rhus Ovata 的作品及其“Borrowed”系列的复古饰品。

所有的商品都根据它的不同概念布置在商店中，大部分的衣服悬挂在一个单独的轴上，穿过整个空间的平面。在商店的门口同样有钢板从天花上吊下来，使整个空间形成一个图形。

“Borrowed”系列商品沿着商店的背部一直延伸到店内展示艺术书籍的小型图书馆，图书馆旁边是一个围巾的展示区。特制的手工菱形衣架挂在单独的圆柱上展示店内的包包。

整个展示设计要强调的就是定制的灯光。店内的灯光与地板相对应，在增强方向性的同时为整个空间形成了一种层次感。长长的水平灯管与长长的吊架相呼应，交替形成一种灯光大道的感觉。垂直的蘑菇形灯饰成为店内的一个特别装饰。粉红霓虹灯做成的标志随意地斜靠在墙上，重复摆放在店内的一条条柱子上。

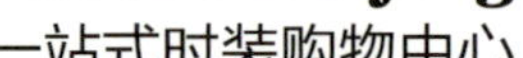

Source Flagship Store Beijing
一站式时装购物中心

Source 是一间时装零售商店，2006 年在上海成立。这间一站式时装购物中心主要销售来自美国、意大利、荷兰、英国、澳大利亚及日本的品牌服装。

这是为他们在北京的旗舰店设计的商店，他们要求整间商店要最大限度地、灵活地展示商品，营造出一种类似仓库或工厂的氛围。另一个要求是要在街上能够看到商店里面或设计一个能够连接两层楼的雕像元素。

因此在商店的门口矗立了一个高达 9 米的“鞋塔”，用于展示大量的鞋子。这个鞋塔是由许许多多的鞋盒堆放而成的，同时也可作为店内的一大特色摆设，成为连接两层楼的楼梯。俄罗斯方块般的鞋塔里包含了可移动的盒子，有的可以打开，有的由低亮度的灯光做成。

商店里所有的托架系统是根据时装仓库配送中心的原则设计的，里面的衣架可在滑道上轻易地移动。在商店举办展览期间，其中一些滑道可用来展示艺术品。

商店的墙壁也是根据这一模式，用装在墙上的金属网格展示商品，使其能够根据他们的视觉营销专员灵活地移动或更改。展示柜呈“L”与“T”的形状，与鞋塔的主题相一致。在首层的中央有一个流动的吧台，使整个空间更加完整。

商店的二层同样设有两个“鞋墙”，分别展示男装与女装，两边都有 70 个标准 L 形的鞋子展示元素，可改变成不同的方向形成弯曲或波浪的形状。

公司：HUGE Company

设计师：Gerald Russelman, Betty Zhong, Maia Schulze, Candy Ma, Frank Xu

国家或地区：中国

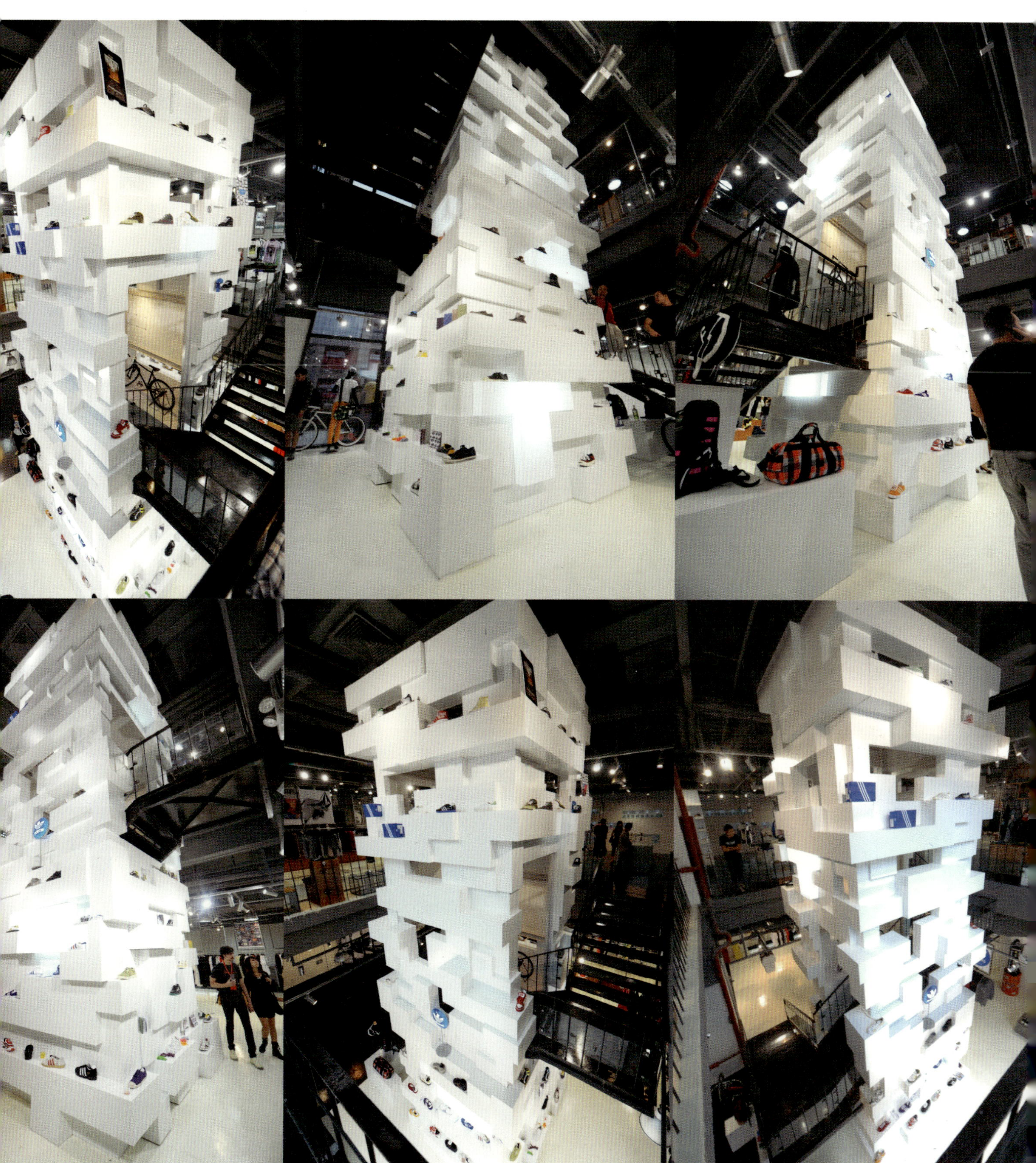

Hila Gaon Bridal Gowns

婚纱概念店

这是一间婚纱概念店，分为两层，将商店首层以及接待处设计成一个阴暗的空间，以突出店中央的一道纯白色的楼梯，一直延伸到底层的缝纫工作室，几何形的转角形成了一个流动中的漩涡。挑选出 9 件婚纱围绕着这个巨大的楼梯，悬挂在天花板上，每一件婚纱穿在定制的女人体模型上，并用单独的聚光灯照射着。

店内大约 150 件婚纱被放在一个横跨在墙上的，有灯光照明的半透明玻璃橱柜里。从一个大画墙的走廊进入的是一个纯白色的新娘化妆室，这间房间专为新娘以及她的伴娘准备。

第 3 个房间是 Hila Gaon 的私人办公室，隐藏在小小的枢轴门后。白色的楼梯通向商店底层，是为试穿的新娘改造婚纱的工作室，里面有女裁缝师、剪裁师、仓库、厨房及洗衣房。

商店里的墙壁与天花板呈深灰色的纹理阴影，类似于 20 世纪 30 年代女歌手的黑白照片，其灵感来源于 Gaon 的目录。悬挂的婚纱模拟成新娘的梦想——像身处婚礼当天的心境，聚光灯的照射使她意识到自己是这天的主角。

店内复古的装置是从跳蚤市场与古董店里选购的。

商店首层的大小为 80 平方米，底层为 70 平方米。

K1p3 建筑负责整个商店的概念设计与规划，同时与平面设计师 Nurit Koniak 合作设计商店的品牌形象。

公司：k1p3 architects

设计师：Karina Tollman + Philipp thomanek

摄影师：Ardon Bar Hama

客户：Hila Gaon

国家或地区：以色列

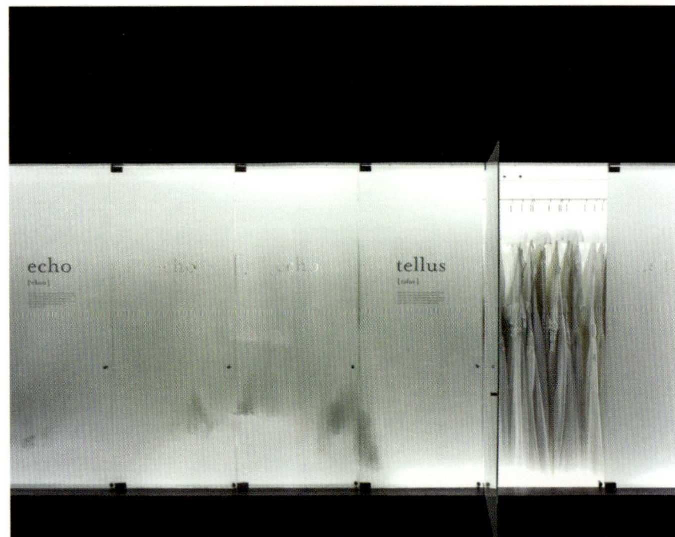

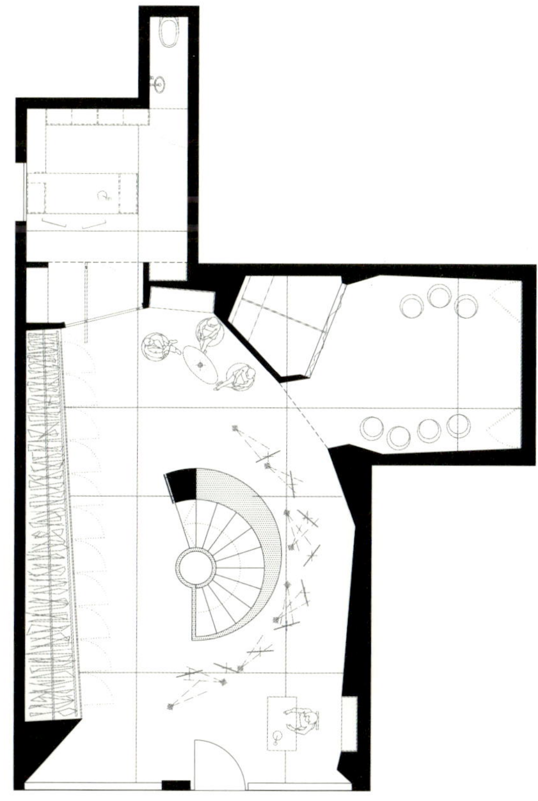

D & Me Boutique

女士复古服饰店

公司：Miss Led Illustration
摄影师：Toby Summerskill
国家或地区：英国

这是一个很好的项目，唯一的局限就是时间。我要在两周内完成所有的工作，包括 3 层楼的墙壁，层与层之间的楼梯、走廊、大门及更衣室，所有的工作都是从草图创作开始的。由于这是一间专售女士复古服饰的商店，因此我希望用插画来描绘出这一特色，利用现代艺术传递出不同时期与地点的影响力。穿越 3 层楼的建筑细节，所有的插画看上去像一条条小路，布满了鲜花与云朵，吸引你进一步走向神秘而迷人的女性，并为爱漂亮、爱打扮的女性创造一个仙境般的商店，把她们邀请到另一个梦幻好玩的购物环境。

Wonderous
Delights
Still
In Sight

Monki 新店的概念是创造一间危险、深沉、幽暗而诱人的商店。它位于一个隐蔽的地下商城，是一个充满宝藏、潮流与迷惑的深暗黑洞。围绕在你身边的是一个下沉的不再旋转的旋转木马、吊有紊乱绳索的古老大篷车、闪亮的漂浮水母，缓缓上升的气泡及扎根在镜面上的水生植物。七彩的水百合生长在海苔成簇的海底中，被水中的生物所包围。Monki 是一间女士服装连锁店，结合了图形、商品及商店设计，形成了一个完整的故事。店内商品结合了东京街头文化风格与新鲜的北欧时尚触觉。它的宗旨是为想通过自己的穿着表达自己的人做衣服，其品牌代表了个性、自主及想象力。Monki 创立于 2006 年，到现在为止已经有 40 间分店，分别位于挪威、瑞典、丹麦及德国。在 2008 年，H&M 获得了 Monki 的 60% 的股份。2010 年 9 月，Monki 在中国香港开了一间分店，这是第一间在欧洲以外 市场开的分店。

公司：Monki
创意总监：Catharina Frankander/Joel Degermark
设计师：Catharina Frankander/Joel Degermark
摄影师：Fredrik Sweger
客户：Fabric Retail Glbl
国家或地区：瑞典

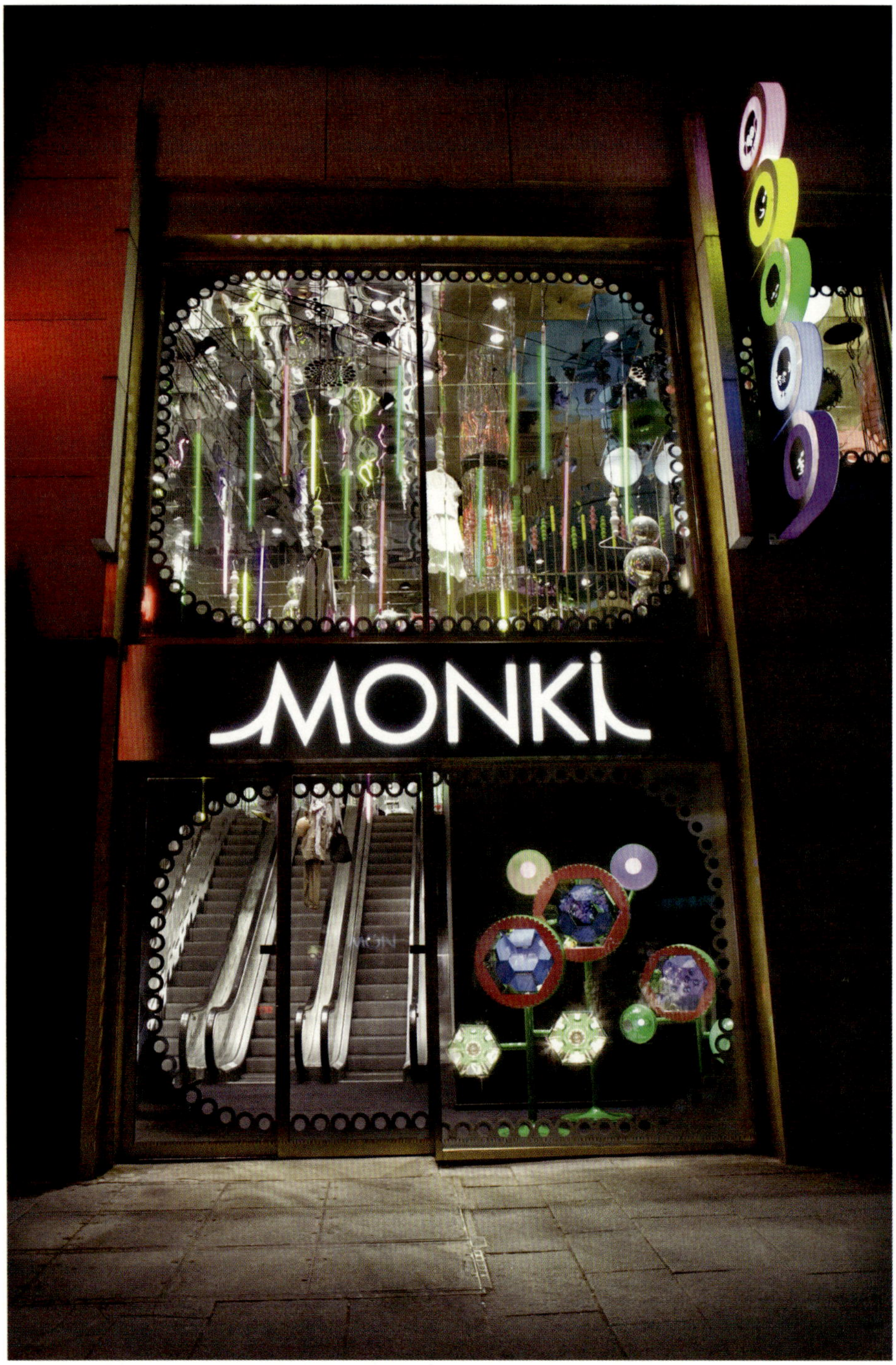

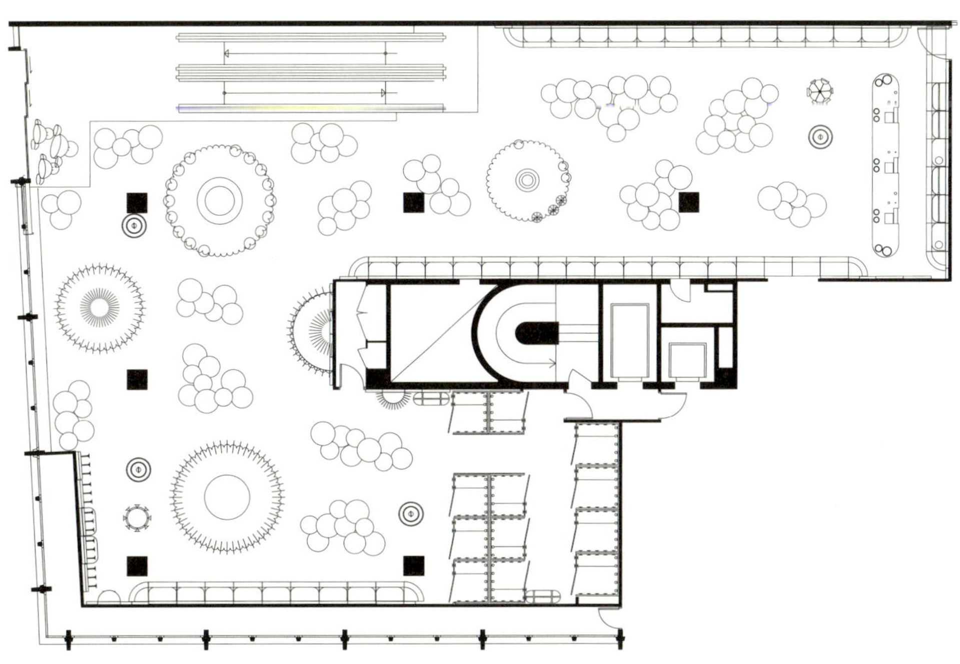

Math For Men

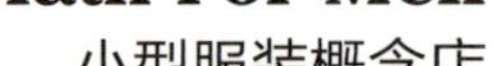

小型服装概念店

公司：plajer & franz studio
摄影师：Ken Schluchtmann
客户：Raphael Meyer &
Carmen Santos
国家或地区：德国

Geometry 这个名字参考了客户对数学的研究，成为 plajer & franz 工作室这次设计理念的导向。这是一间小型的概念商店，收集了许多时装设计师的服装，如 Gaspard Yurkievich、irie wash、Y3 及 won hundred 等。店内还有 John Galliano 与一些当代设计师（如 Gijs Bakker 与 Arik Levy）设计的别致配件。

由于大部分商店雷同的设计令人审美疲劳，特别是在柏林，因此 plajer & franz 工作室创造了一种新的环境。Geometry 希望成为一个怪异的数学专家，却仍然保持好的品味。这个专家并不仅仅是虚有的头衔，还要有比例与情绪的培养意识。它收集了各种各样奇怪的东西，如骨骼照片，看上去像稻草人的灯，上面的小木片是事先已经被分析、研究及计算好的。店内所有的东西都引用了对称与不对称的定理，并且都非常时尚——泥色的墙壁、深色的木地板及绒毛的白栎家具与这间男装店完美地融合在一起，尽管像创造了一个结合家庭元素的独特氛围，如铺有地毯与暗灯的等候区，但是它的设计想法不会偏离实际，零售空间以及商品展示的各个方面都在有计划地执行。

plajer & franz 工作室想通过 Geometry 给顾客一个惊喜。通过它，顾客会想起一些新奇、积极而未曾见过的东西。它代表着一种新的品味，值得你的信任。

公司：plajer & franz studio
摄影师：Ken Schluchtmann
客户：s.Oliver bernd freier gmbh & co. kg
国家或地区：德国

s.Oliver 作为欧洲最成功的时尚与生活品牌之一，满足了各个年龄层的需求，涵盖了各种各样的时尚风格，其大范围的产品系列包括 Casual、QS 与 Selection。plajer & franz 工作室与 s.Oliver 的合作已经超过 4 年，负责为其在全球的商店进行设计以及零售规划。这间新店的设计，plajer & franz 工作室再次以真实创新的元素创造出一个特别的设计。现在，s.Oliver 在维尔茨堡新店的设计概念呈现在大家面前，最新的建筑构造展示了 s.Oliver 与城市维尔茨堡的密切关系。其贝壳灰岩的表面与周围的城市风光优雅地融合在一起，垂直的落地窗横跨两层楼，后面是等高的菱形照片，强调它位于城市中心转角的一个突出；位置。宽阔的窗户与巨大的海湾促进了 s.Oliver 生活方式的传播；组合夹具适用于各种各样的商品展示以及辅助视觉营销的装饰元素，如创造一个连接店内与店外的可流动过渡点；装有人型模特的半开圆球展示在商店的橱窗中，强调出轻松明亮的设计，带你进入一个 3D 的空间。

利用 room-in-room 的方法，店内的每一个商品都在 s.Oliver 品牌的基础上保留了自己独有的风格。每一个独特的设计以及独有材料的运用，都是为了这个项目特别订做的，目的是为了突出每一个部分。例如，运用了 19 世纪早期美国顶楼的天花板常用的锡砖作为电梯装饰墙以及 Casual 系列的特色元素。与锡砖混合在一起的是 s.Oliver 古怪的形象广告图片。s.Oliver 的 Casual 系列是以自然而有刺激性触觉的表面为特色，与暖色相结合营造出一种舒适的氛围。深色墙与浅色墙，平滑与粗糙的结合不仅形成了鲜明的对比，还形成了一个有力的声明。纯洁低调的墙壁，加上浅色橡木板与有槽的黑钢展示架更进一步强调了商品的影响力。钢铁、黑色及铝质的天花板明确地定义了以年轻人为目标客户群的 QS 系列。图形元素的墙纸以及变异的木材涂装设计在展示一个清晰版块的同时也吸引了年长的消费族群。

s.Oliver Selection 组成了高端而优雅的商铺。通过金属表层、黑白元素及哑光的结合，达到了一种上等空间的氛围，例如用镜面与黑玻璃制成的焦点墙。视觉行销与整个零售环境形成了完美的互补。通过它极端的组合性与灵活性，以及墙壁、地板与天花板的整合，形成了一个独特的区域，为那些有视觉障碍的人创造一个机会，同时也成为展示的一个焦点。s.Oliver Junior 迎合 0~14 岁的客户群。沿用了 Casual 区域的设计元素，用新的面貌重新定义这一部分。砖墙，新鲜好玩的元素，如为婴儿设计的花朵，明亮的配件是这一年轻版块的一大特色。贯穿整间商店，顾客可不断地发现新鲜、充满着正能量的世界语情感，从而创造出一个强烈的品牌形象，甚至是一次充满乐趣的购物。

s.Oliver
SELECTION

s.Oliver
SELECTION

s.Oliver
SELECTION

KABINEN

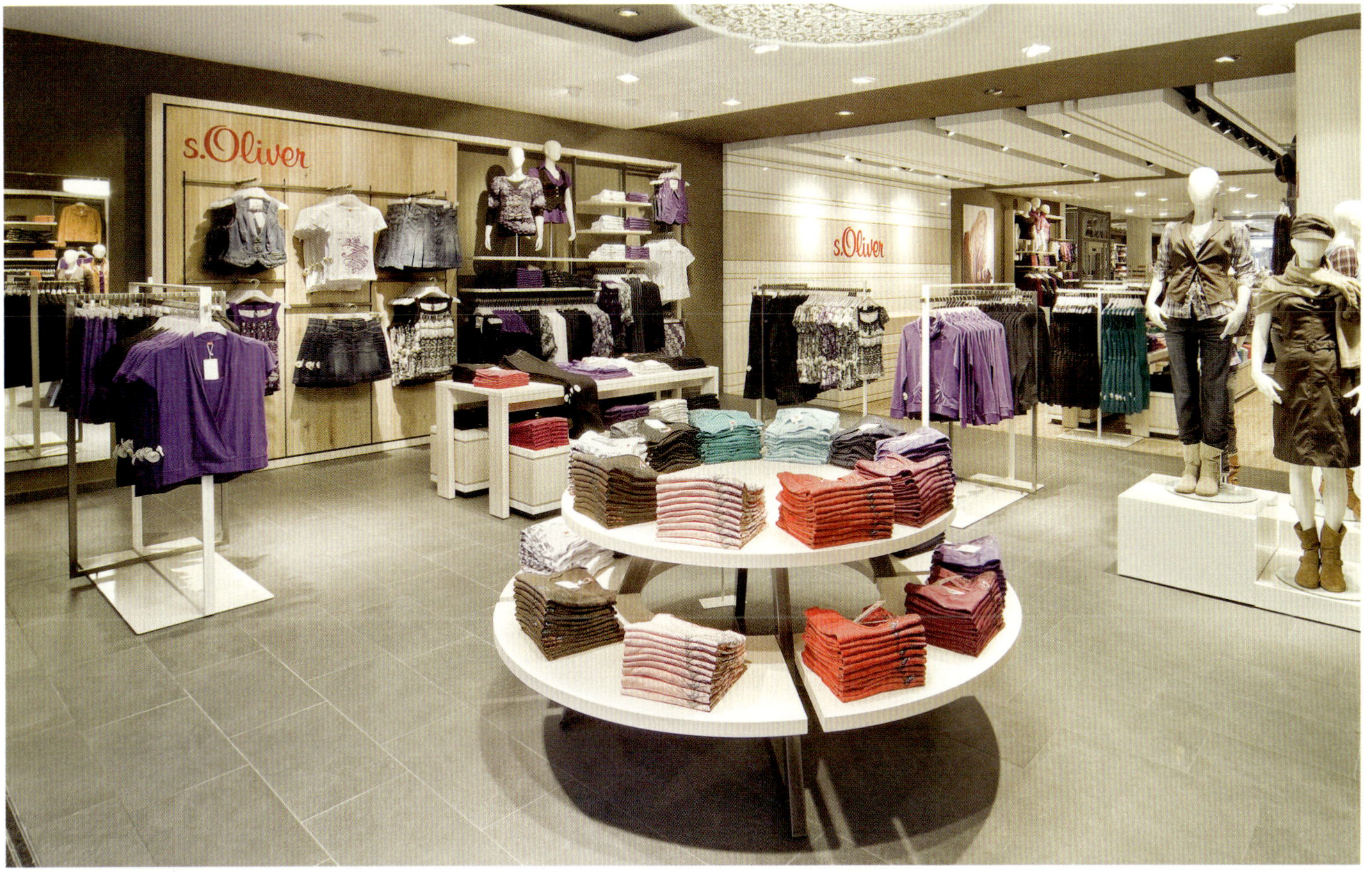
s.Oliver
s.Oliver

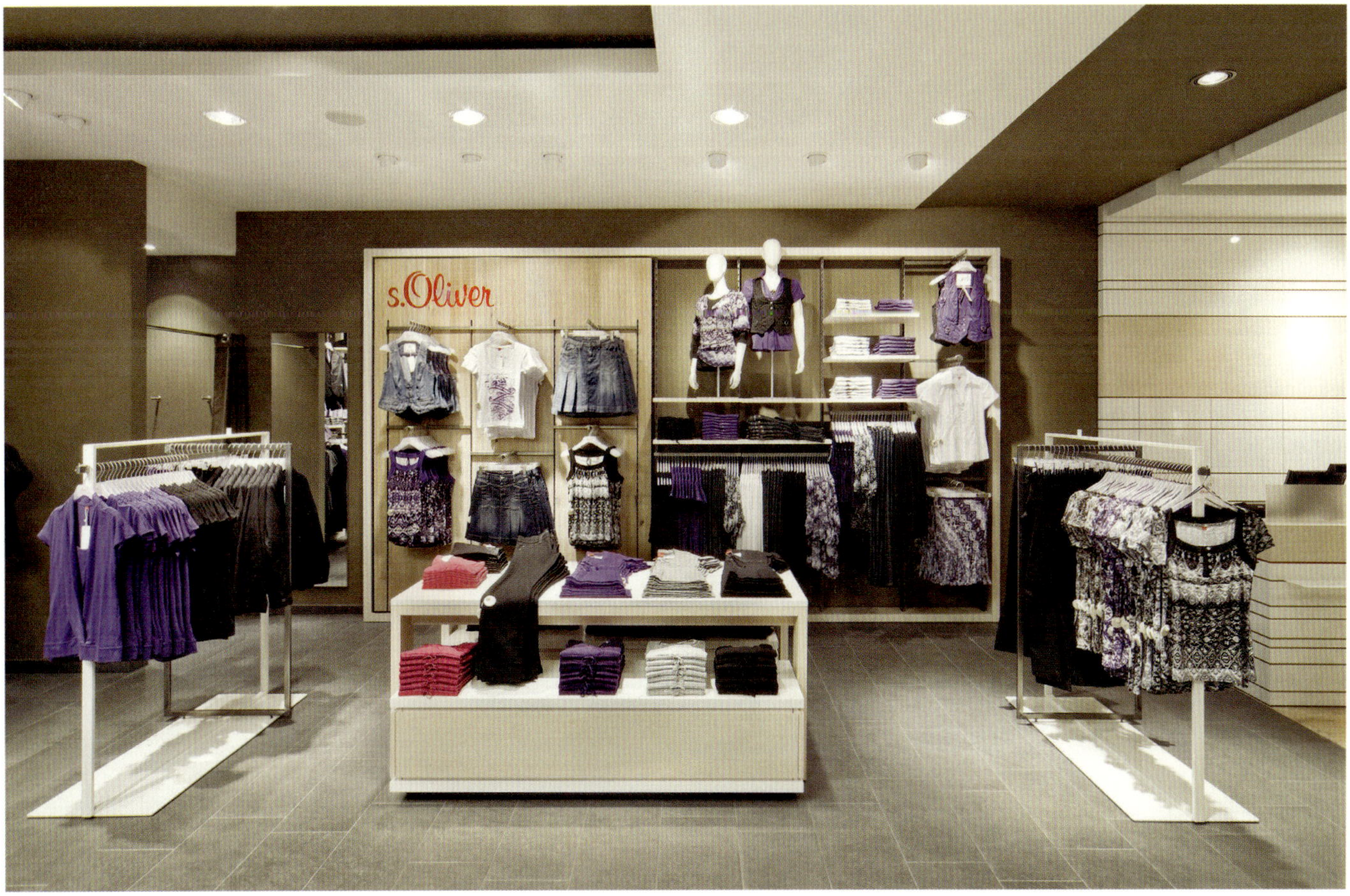
s.Oliver

Maska – Rockland Centre, Montreal, Quebec

欧洲女性成衣时装店

Maska 是一间欧洲女性成衣时装店，其特色产品是意大利品牌 Imperial 的 Pronto Moda。
当 Maska 决定搬迁到同一个商场里的更大、更高级的地方，以零售商的姿态呈现在大家面前的时候，同时决定利用这次机会更新商店理念。
在第一次的客户会面中确定了 Maska 品牌的象征：温柔、新鲜、年轻及时尚尖端。
他们的目标市场是成熟而年轻，从欧洲成衣品牌里寻找职业服装以及晚礼服的女性。
目的是强调品牌的性质，设计出一间展现独创性与服务性的个性化精品店。
根据设计的主题"当优雅遇见年轻"，创造出一个近代巴洛克风格与传统建筑元素以及现代搞怪元素相融合的商店。

公司：Ruscio Studio Inc.
创意总监：Robert Ruscio
设计师：Ruscio Studio
摄影师：LeezaStudio Photography
客户：Maska
国家或地区：加拿大

Underground – Chinook Centre, Alberta

男女服装专售店

2009 年 2 月，当 Underground 决定统一他们的商店并重新设计品牌形象的时候，租了 Chinook Centre 里的两个相邻的铺位（第一间专售女装，第二间专售男装）。

该商店空间的主要问题是两间店提供的环境都不能反映品牌的商品。这两间店看上去像两个完全不同的实体，一个很暗，另一个则充满金属感。

把品牌定位在统一格调下，成为吸引顾客唯一合理的选择。

Underground 通过新的统一整合设计达成了两个主要目标，一是更好地呈现畅销品牌，二是增加女装的销售额，减少与男装的差距。

以非主流为主题，展示了更加时尚的 Underground 世界以及它的城市灵感。

接下来的改造，一致意见是设计一间能够恰如其分地呈现该品牌形象的商店，同时其概念能够很好地被顾客以及商店业主理解和接受。

公司：Ruscio Studio Inc.
创意总监：Robert Ruscio
设计师：Ruscio Studio
摄影师：LeezaStudio Photography
客户：Underground Clothing
国家或地区：加拿大

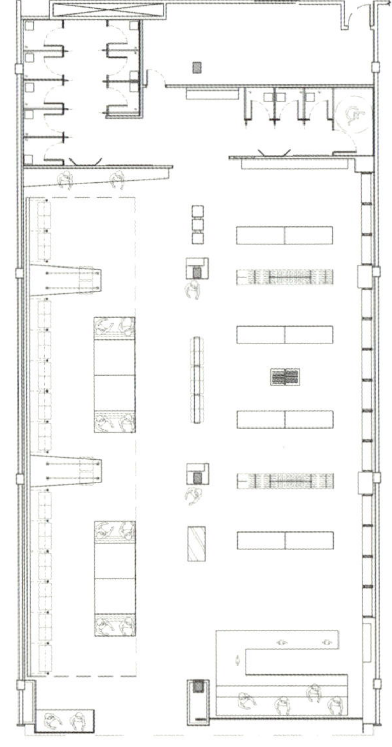

DIESEL

Calgary Transit
2008 System Map
LEGEND

Romanticism2 In Hangzhou

“浪漫一身”旗舰店（杭州）

公司：SAKO Architects

设计师：Keiichiro SAKO, Nobutoshi HARA, Kazuya UZAWA

摄影师：Koji FUJII (Nacasa & Partners Inc.)

国家或地区：日本

衣服是用二次元的布料进行裁剪和缝制，再将三次元的身体进行立体包裹和修饰的东西。衣服能够起到调节体温的作用，因此衣服也可认为是从身体延伸出去的“第二层皮肤”。同时，空间也担任着包裹身体、调节体温的作用。但是，空间的不移动特点与衣服有着本质上的区别。

在浪漫一身的设计理念中，并非是在决定空间的地面、墙壁及天花板上下功夫，而是考虑将分散在空间与衣服之间的隔断及器物发挥出“第三层皮肤”的功效。“像空间一样的皮肤”或者“像皮肤一样的空间”的存在是否可以被接受呢？

浪漫一身和杭州的中心——西湖近在咫尺。浪漫一身在中国有 500 多家店铺，专门经营女性服饰。这个店铺是其品牌的旗舰店。

“网”状的有机形态流畅地贯穿于商店整个空间，从外面看像是被卷入到室内的“网”，在延伸的过程中自然地变化其形态，将整个一层的卖场包裹起来。在楼梯部分集结而成的一束“网”进入地下空间后再次被展开，与一层相同延续到各个角落。

“网”幻化为隔断、柜台、椅子、器物及栏杆等各种不同的形态。起到“第三层皮肤”作用的“网”是由“骨、肉、皮”构成的。“骨”就是钢筋，“肉”是泡沫塑料及玻璃纤维，“皮”则是环氧树脂及油性涂料。

在三维曲面的白色墙壁上，穿了很多用于展示样品的圆孔，扩大了身体和衣服的主题。

另外，一层天花使用镜面不锈钢。这是为了达到视觉冲击的效果，保障卖场光照度及克服天花板较低的缺点而设计的。并非完全平坦的镜面不锈钢倒映出的镜像，看上去恍如水中倒影，使通常在地面上才能看到的水出现在了天花板上，产生出非比寻常的光影。

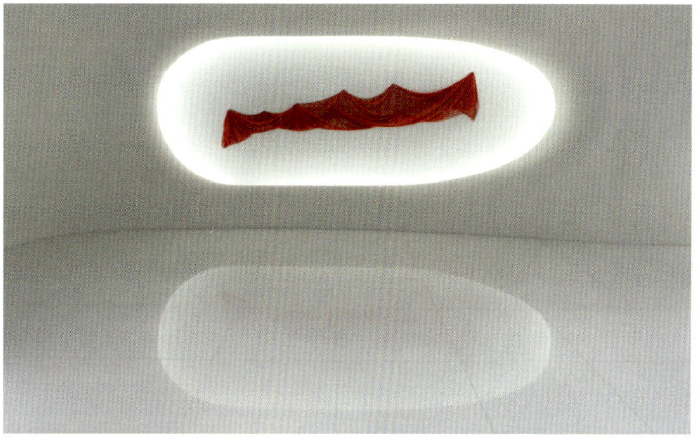

Eifini In Beijing

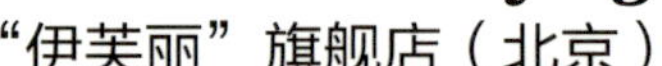

“伊芙丽”旗舰店（北京）

这是一家在中国拥有约 180 家门店的女装品牌——伊芙丽的旗舰店。这次我们要设计的是它在北京的分店。

为了突出服装而将地面、墙面、天花板用白色统一起来，以去掉店内其他元素的存在感。收款台等店内道具做成好像是地面瓷砖直接抬升起来一般的简约效果。在这样的空间中，让一根连贯的长 180 米的“管式衣挂”介入其中。

“管”是由透明的亚克力棒上下左右支撑起来的，使其能够不受重力的影响，立体地缠绕着浮游于空间内。除了展示衣服之外，管道还有很多用途：重叠几层形成好像隧道一样的入口；幻化成漩涡状旋转落下的服装展示区；穿上帘子变化成试衣间。正是分布的这些场景，使空间获得了丰富性与多样性。

此外，“管”游走的轨迹好像乐团指挥的指挥棒描绘出的轨迹一般。“管”使服装在突显其存在的同时，也表达着自己的存在，在空间内绘画出一条顺滑的轨迹。“服装”与“管”交替着担任主角，在店内各处持续着演奏。真心邀请每位走进伊芙丽的女性，在徜徉于其间的同时感受这随季节而变化的宛如管弦乐团演奏般的优美旋律。

公司：SAKO Architects

摄影师：Misae HIROMATSU (BEIJING NDC STUDIO, INC.)

国家或地区：日本

Eifini In Chengdu
“伊芙丽”旗舰店（成都）

这是伊芙丽在成都的一家分店，店内服装的展示很自由，由一根管贯通而成的开放且自由的空间，具有与街面上多数店面完全不同的特质，被最大限度地利用了起来。“成都伊芙丽”是一家灵活地对应并促进服装多样化展示的新的服装店形象。

公司：SAKO Architects
设计师：Keiichiro SAKO, Nobutoshi HARA, Kazuya UZAWA
国家或地区：日本

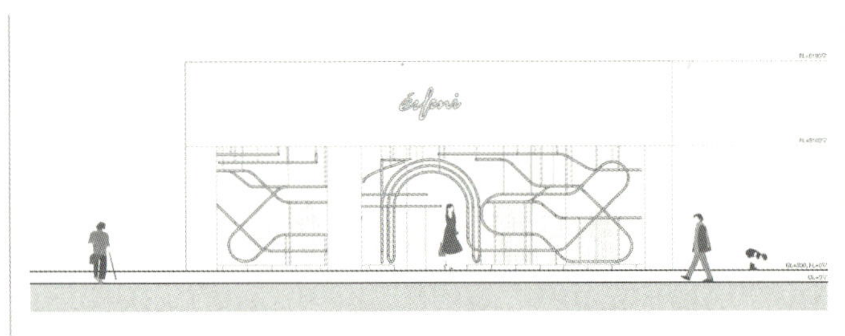

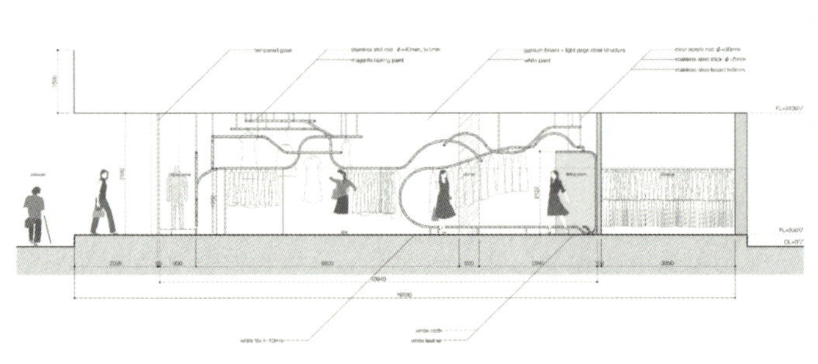

Romanticism3 In Hangzhou

“浪漫一身”分店

这是浪漫一身的第三间分店，位于中国杭州。

公司：SAKO Architects

设计师：Keiichiro SAKO, Nobutoshi HARA, Kazuya UZAWA

摄影师：Koji FUJII (Nacasa & Partners Inc.)

国家或地区：日本

Beijing Huanjue

环保风格服装店

公司：SAKO Architects
设计师：Sako Keiichiro
国家或地区：日本

生活在 21 世纪初的我们，正处于全球规模的变革期。围绕着全球变暖问题，仅在一年内，人们对“保护环境”的意识就产生了极大的变化。“环保”已成为全球共识的、不可回避的问题。“唤觉”是以“环保”作为理念成立的品牌。多年来，该品牌的服装与店铺设计都统一贯穿了这个理念。对于该品牌创始人而言，时装事业的发展和环保事业的推广是不可分割的。

环境保护是我们创造未来所必需的。支撑发展的科学技术，将会给我们未来的空间带来怎样的变化？在科幻电影里描写的未来空间是流线型的、简洁的，地面与顶棚区分暧昧。想象一下，这样的空间是否如同洞窟？洞窟是人类最初获得的生活空间。时间轴的一端是过去，另一端是未来；时光流转，如果我们不断地回顾过去，可能会通往未来。

该设计主题是“环境保护的理念所引导出的未来空间”。

店内装修只使用了两种材料。地面使用了亚麻油毡材料；墙壁、顶棚和店内小物品使用了木丝板。两种都是天然材料，最小化了给环境带来的负担。

木丝板是天然木材纤维经过特殊处理后和水泥混合搅拌压制而成的。它易加工，而且具有吸音、阻燃、隔热等性能。店铺内采用大量的木丝板作为主要材料应该是首例。店内墙壁厚度有 600 毫米，在墙壁上“挖”出了可挂衣服的空间；在柱子上也有“挖”出来的展示空间。巧妙利用照明作用，使柱子和顶棚的相接处模糊，让墙、柱子和顶棚一体化。

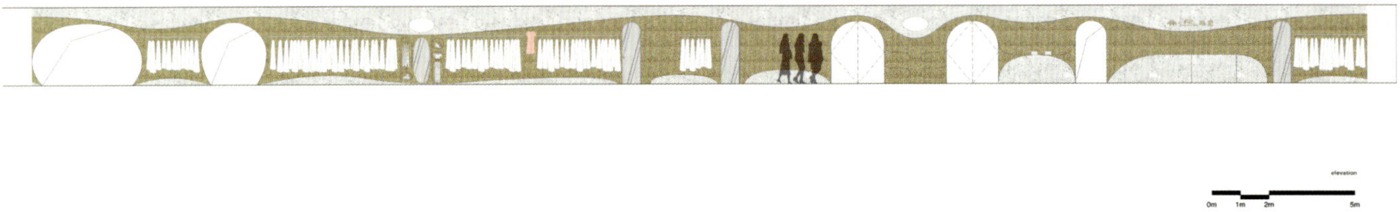

AWAKENING

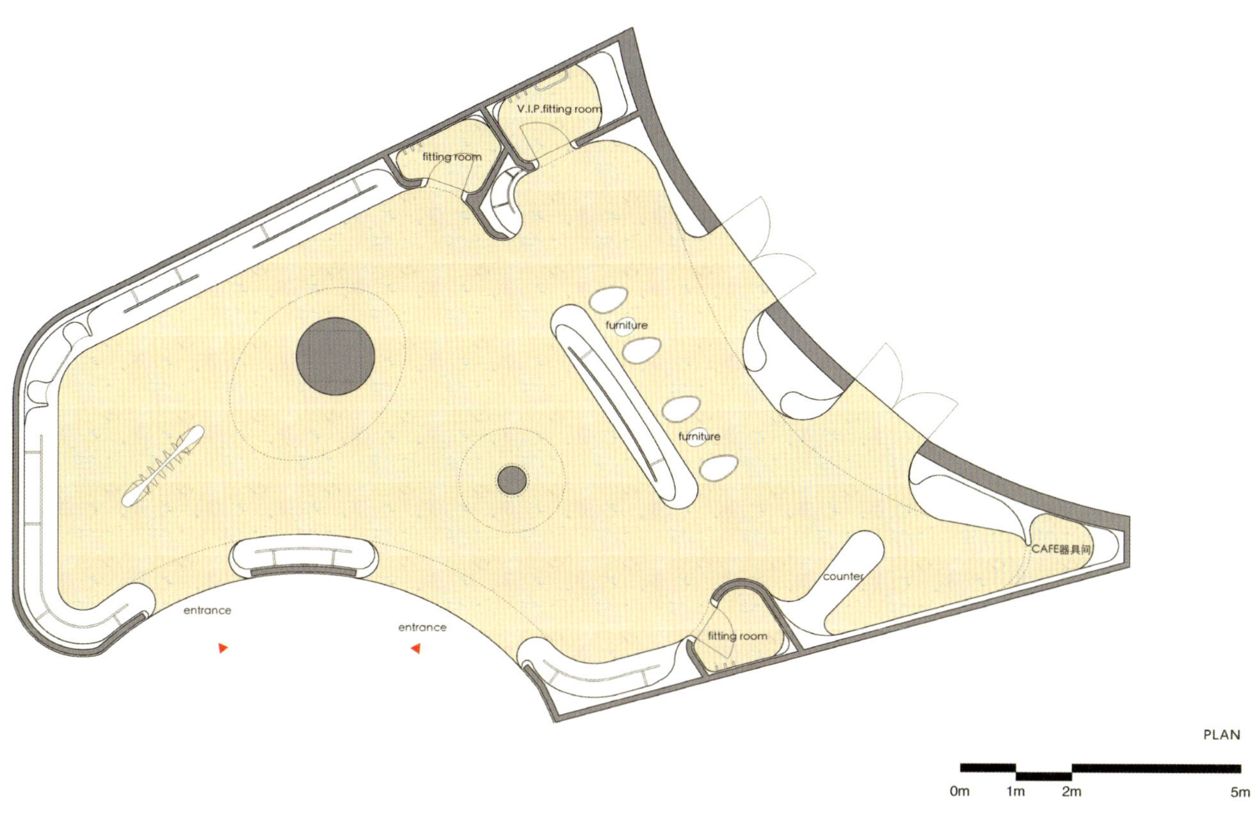
V.I.P.fitting room
fitting room
furniture
furniture
CAFE器具间
counter
fitting room
entrance
entrance
PLAN
0m
1m
2m
5m

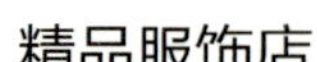

这是位于大型商场的一间精品店的室内设计。
我们首先要考虑的问题是怎样利用这个高 3.65 米的空间。在一般情况下，人们只会关注商店而忽略了空间顶部的东西，因为大多数的商店设计都只是聚焦于销售，即商店中心或人群集中的地方。为了避免这种情况，我们在商店顶部装入了高 2.25 米的多孔金属网假天花，然后在地板上建立一个阶梯式平台让顾客站上去能够触碰到商店的顶部。两个阶梯平台像两座山一样矗立在店内，同时也可作为展示包包、高跟鞋及人型模特的舞台。阶梯式的设计为顾客提供了流动的选择，可根据阶梯的数量选择长路或者捷径。
顶部的边缘围绕着镜子，从视觉上使整间店看上去更加宽阔。我们希望这个虚幻小噱头在该商场里能成为人们购物的一个小乐趣。

公司：Sinato
设计师：Chikara Ohno /sinato
摄影师：Takumi Ota
客户：DURAS inc.
国家或地区：日本

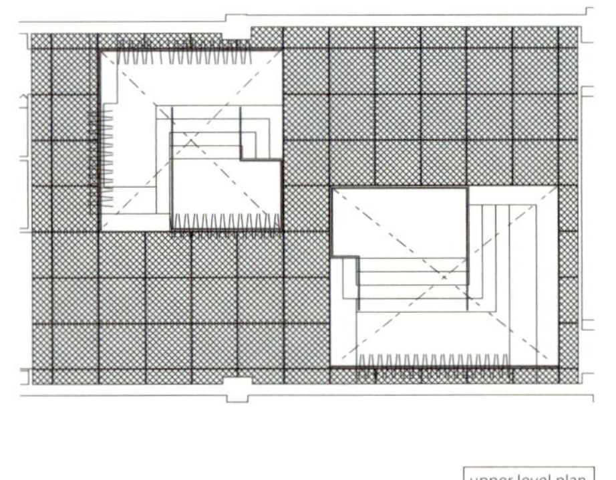

upper level plan

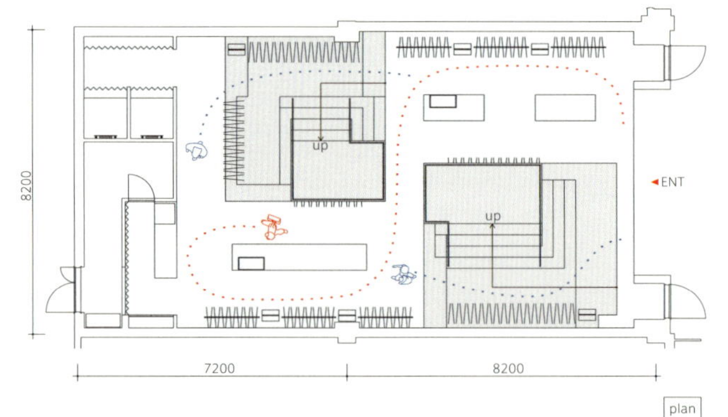

The long way going at floor lev
The shortcut going up some st

plan

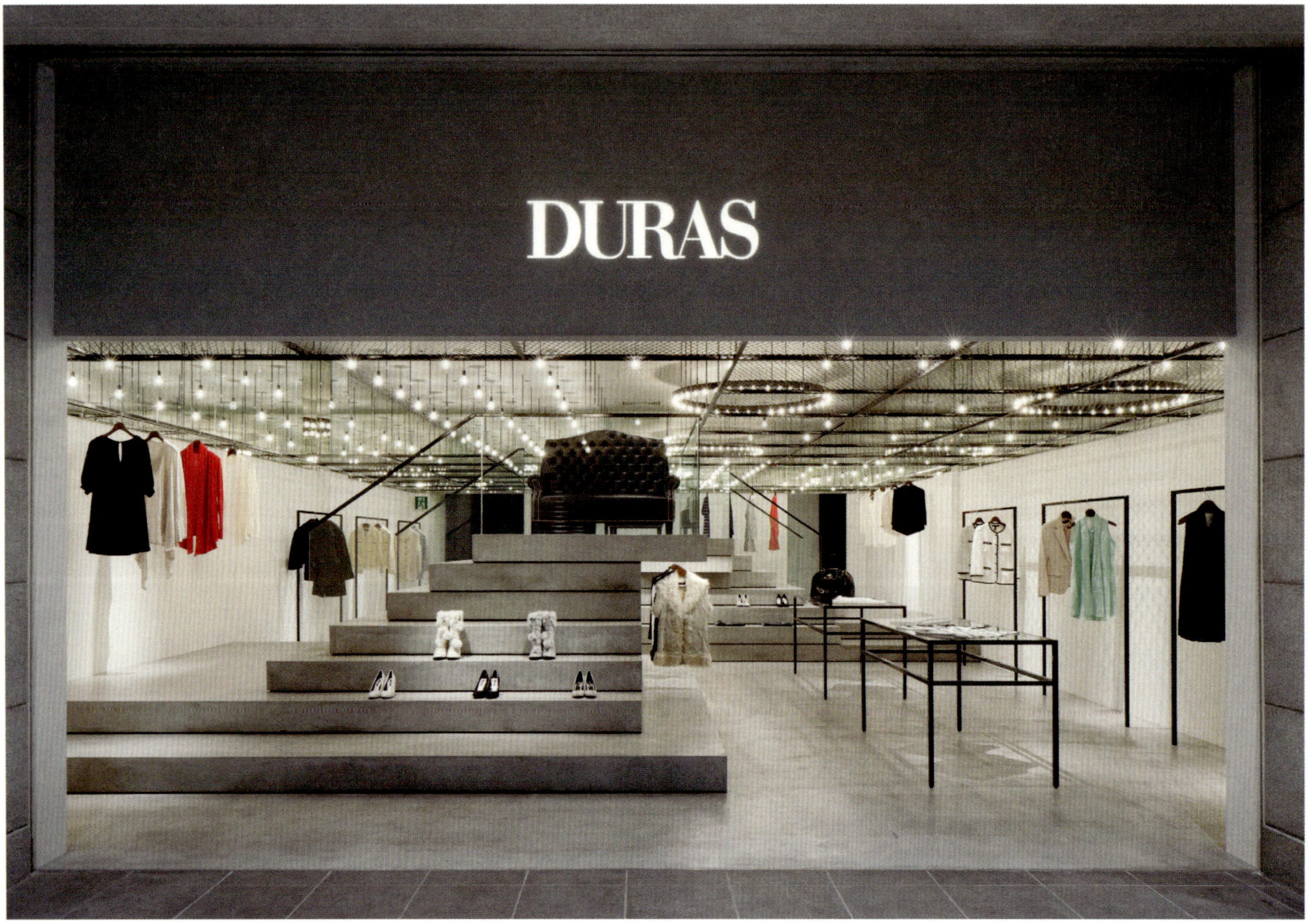

Rolls

时尚酷感服装店

这间商店里的装置采用了铝为材料，其特点是轻、薄、易于弯曲，但又比布和纸重。因此具有既柔软又坚硬的特质。

扭曲缠绕的长形铝条延伸至整间商店，从门口一直到店的末端，形成了一个漂亮的波浪形状，其功能也可随着铝条材料强度的改变而改变。

灵活的材质表现了柔软衣服与坚硬建筑之间的微妙联系。

公司：Sinato
设计师：Chikara Ohno /Sinato
摄影师：Toshiyuki Yano
客户：Diesel Japan Co.,Ltd.
国家或地区：日本

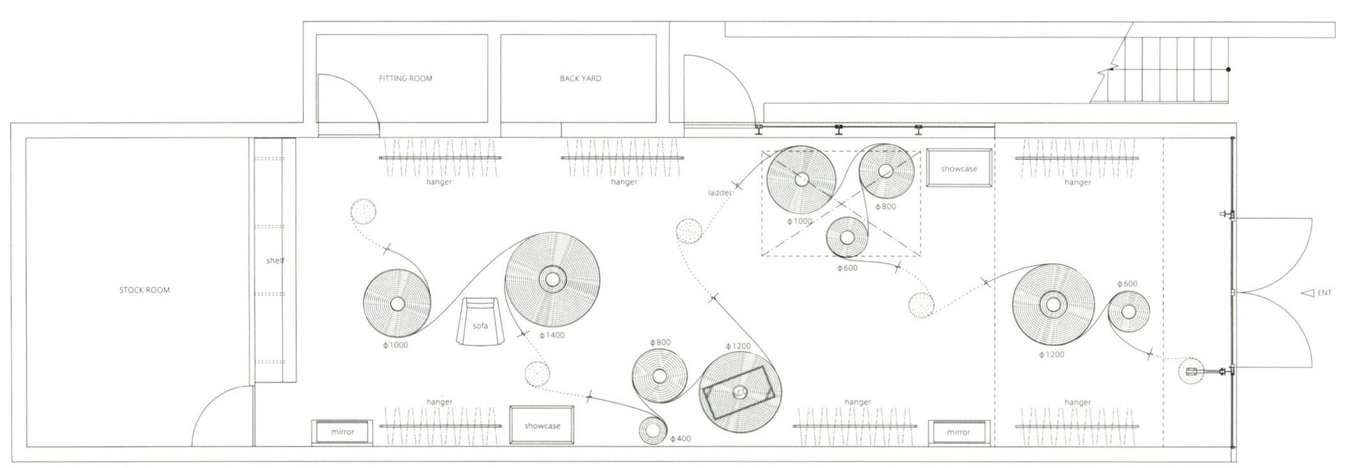

ISSEY MIYAKE And PLEATS PLEASE ISSEY MIYAKE

趣味童真服装店

ISSEY MIYAKE 与 PLEATS PLEASE ISSEY MIYAKE 通过 411 条竹签连接了两个空间。不同颜色的竹签与其漂浮的影子重叠在一起，形成了一个全新的空间。

流入的竹签漂浮在房间里面，布满整个空间，犹如时间静止了，形成一种“超越平衡”的空间。竹签的灵感来源于以前很流行的欧洲儿童游戏“MIKADO*”。随机摆放的竹签像是受到了 MIKADO 创造的拉力，形成了平衡的启迪，把它变成有形的形式应用在设计中。尽管它在外观上不平衡，但是在结构上却是平衡的。

公司：Emmanuelle moureaux architecture + design

国家或地区：日本

sticks
by emmanuelle moureaux

PLEATS
PLEASE
ISSEY MIYAKE

PLEATS
PLEASE
ISSEY MIYAKE

sticks
ISSEY MIYAKE

Marni Las Vegas

服装旗舰店

Sybarite 为 Marni 在拉斯维加斯的旗舰店的展示设计，其灵感来源于分裂的鞭子，看上去像展开的鞭子悬挂在空中一样。蜿蜒的不锈钢“套索”围绕整间商店，为 RTW 系列服装提供展示的空间，一端用收银台和围巾展示台固定，另一端形成一面雕塑般的墙壁，嵌有玻璃的鞋柜。

灰色的波浪墙上有一组气泡，有的是凹的有的是凸的，有的背后打灯光有的遮有阴影，形成了一个展示结构。一系列选中的配件展示在凹陷的气泡里，增强了其价值与独特性。波浪墙的另一端包含了背光玻璃展示盒以及一个结合了天然玻璃和紫色亮漆的悬挂式衣架，这一设计的灵感来源于 Marni 最新的配件系列。越过墙壁是试衣室、仓库及办公室。

同样是紫色的独立椭圆形展示桌为你提供了一个附加的展示面，一组白色的 PVC 凳子与柔软的灰羊毯为你提供了一个舒适的休息场所。在天花板上，巨大的 Barrisol 唱片加上柔和灯光的投射，与墙上的气泡相呼应，同时抛光的混凝土地板为其提供了一个干净清澈的背景。同样，商店的外部设计也是非常简约。与传统的展示窗口不同的是，它只用一个简单的玻璃外观，悬挂了少量人型模特，让人们能够透过玻璃清楚地看到商店内部，并把商品放在店内最主要的地方吸引从电梯经过的人。

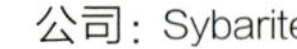

公司：Sybarite

设计师：Simon Mitchell, Torquil McIntosh, Giorgia Cannici

摄影师：Donato Sardella

客户：Marni

国家或地区：英国

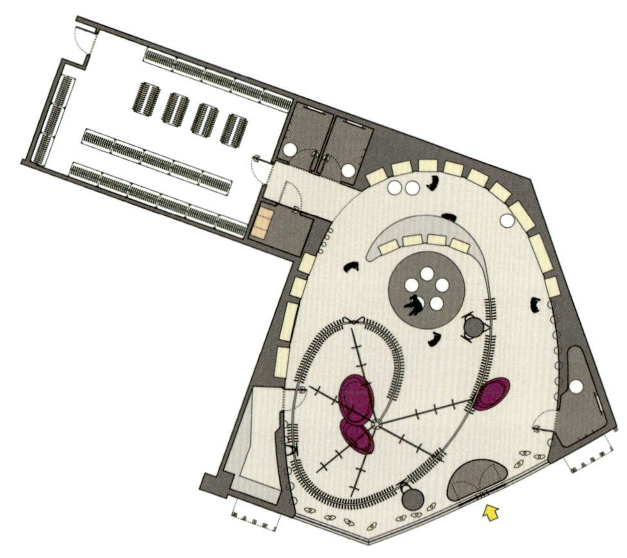

No Limits Store

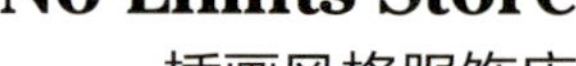

插画风格服饰店

No Limits 公司在德国的布伦瑞克有两间商店，专售滑板、衣服及运动鞋。
店内的插画运用了扭曲的街头艺术，为商店展示了一种清新而独特的城市面貌。
关闭时的大门呈现出一幅可爱的插画。
打开或折叠时的大门上虽然是同样的图案，但重叠后却营造出 3D 的效果。

公司：TILOGO Germany
设计师：Tilo Gobel
国家或地区：德国

NEW
NO LIMITS STORE
OPENING
FREITAG 18.JULI
BURGPASSAGE · BRAUNSCHWEIG
NO LIMITS
New Store Opening

NO LIMITS STORE

NO LIMITS STORE

Inhabitant Store Tokyo

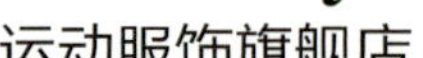

运动服饰旗舰店

公司：Torafu Architects
设计师：Torafu Architects
摄影师：Daici Ano
客户：Phenix
国家或地区：日本

Inhabitant Store Tokyo 是一间生活与运动品牌的旗舰店，位于日本原宿的猫街上。“好玩”与“日本性”是 inhabitant 表达现代日本风格的体现方式，这激发了我们设计一个繁忙而悠闲的散步空间的灵感，这一区域称为“the back of Harajuku”。

商店的两层都有对角交叉的长型板展示区域，与试衣室和收银台的位置有一段适中的距离。长型板可用做展示商品的展示桌，也可在特别的活动或展览时做伸展台之用，当顾客进入商店的首层时，首先会受到长型板的欢迎。长型板的边缘与通往二楼的楼梯连接在一起，成为其中的一个梯级。悬浮在墙壁上的楼梯像一扇高大的门一样欢迎顾客的光临，楼梯的下方是一个个展示台，用多方向的聚光灯照射着。商店的顶部展示了六边形龟壳图案，像云朵一样分散在天花板上。设计师 Asao Tokolo 精心制作了两款图案，两款图案的边缘很好地搭配在一起，融入到商店的地板、天花板、墙壁以及柱子上。

利用商店内小区域之间的联系，我们试图创造一个循环有序，商店与住宅相结合的空间，组成“the back of Harajuku”。

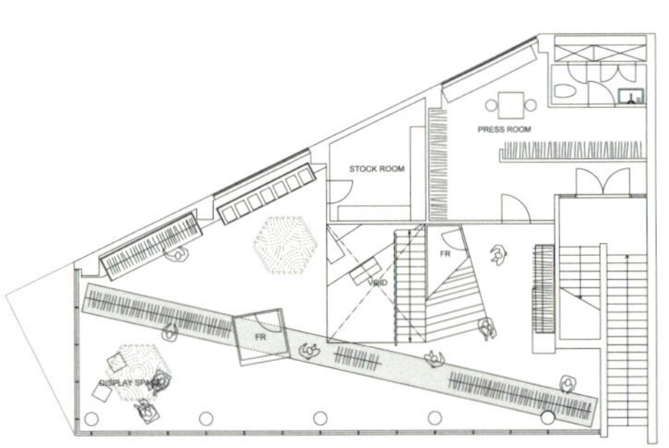

2F PLAN S=1/100

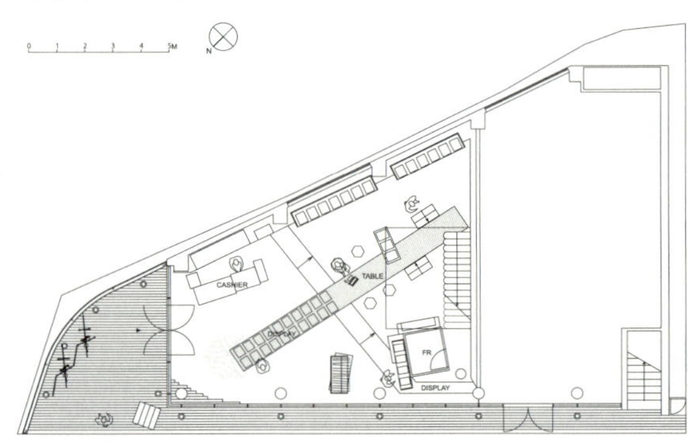

1F PLAN S=1/100

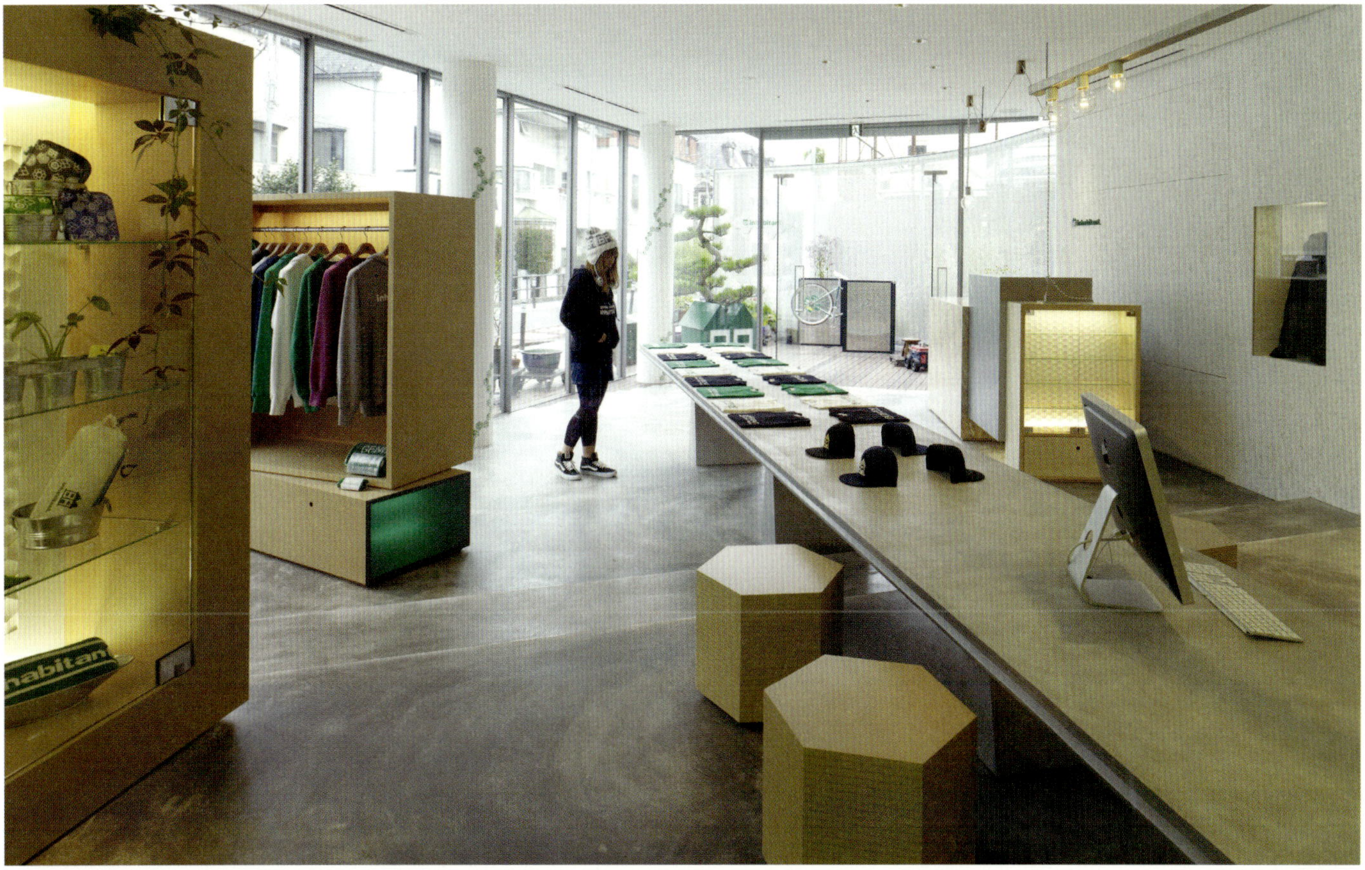

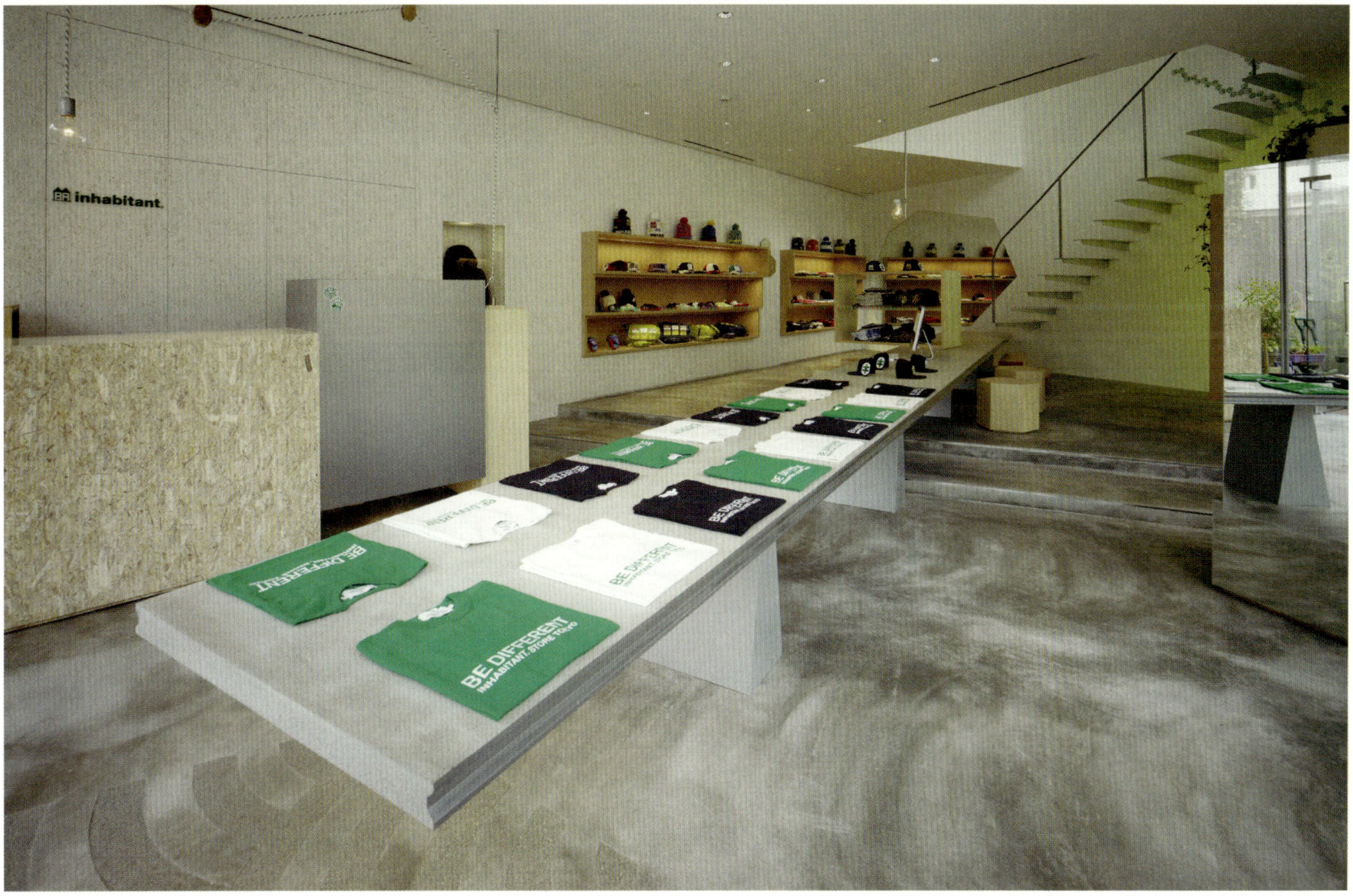
inhabitant.
BE DIFFERENT

INHABITANT STORE
inhabitant.

Gregory Tokyo Store
户外用品专卖店

Gregory 的第一间独立商店在日本原宿的猫街上，主要销售滑板以及其他相关商品。

商店位于街上的一个特殊的 Y 型十字路口，首层销售休闲商品，第二层销售登山专用设备。由于商店的建筑呈锥形，因此我们必须利用有限的空间，在充分展示各种商品的同时预留充足的空间做商店的仓库。我们当时的想法是把参差不齐的山脉、密林及高山上的休息小屋都包含在 Gregory 商店里。

我们在商店里设立了一个不封闭的小屋，小屋的一部分被入口的玻璃墙壁分成一片片，成为商店的正面展示。当你走进销售区域时，犹如身处一间小屋中，会看到墙上展示了一系列 Gregory 商品的展示架。展示架的隔板呈裸岩的形状，透过销售区域里两边的镜子形成一个连绵不断的山谷。隔板间的背包让顾客想起攀岩时的场景。库存的商品可放在展示产品的后面。

穿过反射的樱桃树与橙子树，走上商店的室外楼梯，顾客会感觉像进入一片森林中。商店的第二层，销售专业的登山设备。当你打开门，会看到小屋的屋顶以及从首层延伸上来的参差不齐的展示架，使分开的两层更加和谐。

商店的外墙看上去像雕刻的岩石，成为 Gregory 商店的标志性符号。外墙的材料是用于沥青路的涂料，使其表面在阳光的照射下像水晶一样闪亮。

公司：Torafu Architects
摄影师：Daici Ano
国家或地区：日本

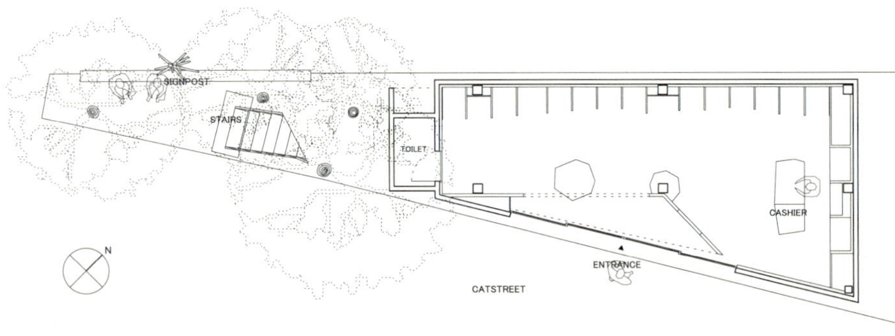

1F PLAN 1/150

Rainwear In / Rainwear Out

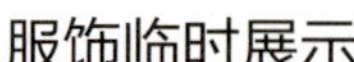

服饰临时展示

这是 Mina Perhonen 的第 3 个临时舞台展示，位于日本新宿 Isetan 百货商店的首层。今年的主题是“Rainwear In / Rainwear Out”，以住宅式摊位为中心，强调下雨天“屋里”与“屋外”的不同体验。摊位的墙壁上明显地印上了 Mina Perhonen 的“sunny rain”的图案，雨滴形状的凳子与漩涡形的镜子展示了完整而有趣的下雨天情景。

公司：Torafu Architects
设计师：Torafu Architects
摄影师：Daici Ano
客户：Mina Perhonen
国家或地区：日本

Fair Stand For Blank A/W 2010

时装展会摊位（2010）

我们为 Blanks 的新产品在两年一次的哥本哈根时装展览会上设计的摊位。每次我们都会根据他们既定的服装主题进行设计，大多以抽象为主，只用几个字与几张图片阐明主题。时尚也许在所有艺术形式里更新速度最快的，因此给予了我们一个快速直观的设计机会。这一季的主题我们聚焦在原生态艺术上，整个展示系统用泡沫塑料块手工做成。

公司：Uglycute
设计师：Uglycute
摄影师：Uglycute
客户：AF Blank
国家或地区：瑞典

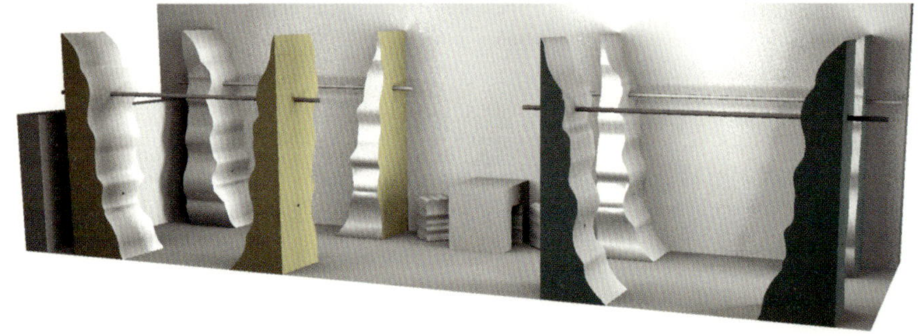

Fair Stand For Blank S/S 2009

时装展会摊位（2009）

该展示系统由许多夹板用黑色胶水粘贴而成，黑色胶水的渗漏与白色的夹板形成了黑白的对比。

公司：Uglycute
设计师：Uglycute
摄影师：Uglycute
客户：AF Blank
国家或地区：瑞典

Anteprima

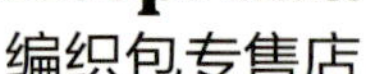

编织包专售店

为 Anteprima 设计的商店专门销售编织包，接近 300 种颜色与众不同的包包透过闪烁的灯光展示在商店中。我认为可以通过包包在空间上的排列来控制其密度，挂在墙上的包包排列得非常紧凑，看上去像一条彩带。在商店的中央，包包悬挂在商店的顶部，使整个空间看上去像一个全方位的舞台，同时形成了一个稀疏的空间。黑白渐变的墙壁，让顾客感觉自进入商店直到走到商店末端颜色变得越来越亮，同时也使心情越来越好。
不锈钢网垂吊于天花板上，使整个空间融入编织包的元素，形成呼应的效果。

公司：Yuko Nagayama & Associates
创意总监：Yuko Nagayama
设计师：Kana Oshiki
摄影师：Daici Ano
客户：Anteprima
国家或地区：日本

ANTEPRIMA

Delta
服装零售商店

Delta 是一间位于日本东京的服装零售商店。

公司：Yuko Nagayama & Associates
创意总监：Yuko Nagayama
设计师：Reiko Negishi
摄影师：Daici Ano
客户：Delta
国家或地区：日本

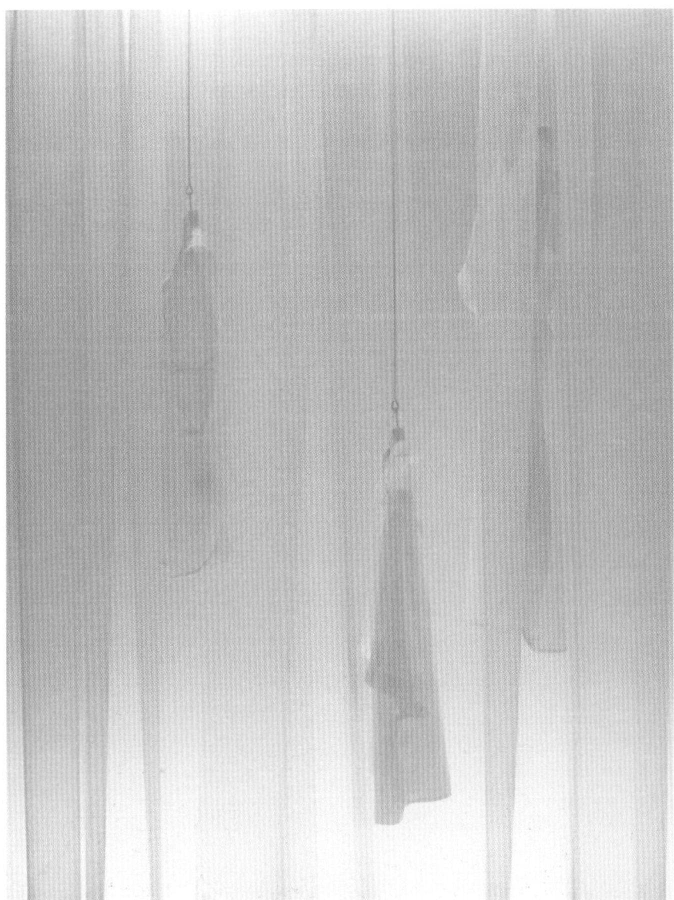

YLANG YLANG

时装店

YLANG YLANG 是一间位于日本东京的时装店。

公司：Yuko Nagayama & Associates
创意总监：Yuko Nagayama
设计师：Kana Oshiki
摄影师：Daici Ano
国家或地区：日本

Delicatessen2

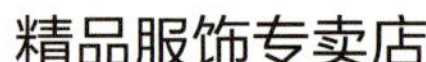

精品服饰专卖店

公司：Z-A studio
国家或地区：美国

在高达 5 米的空间内装上插钉板，使灯光从后面射出，把这些五金材料改造成蕾丝裙般环绕着整个空间。除了垂直的插钉板展示以外，还有水平的展示装置，由蕾丝的插钉板切割而成，牵引着商店的墙壁展示出黄色的底色。插钉板的材料是经过精心挑选的，因为它是整个展示设计的基本元素，能够不断地变化、发展与改造。

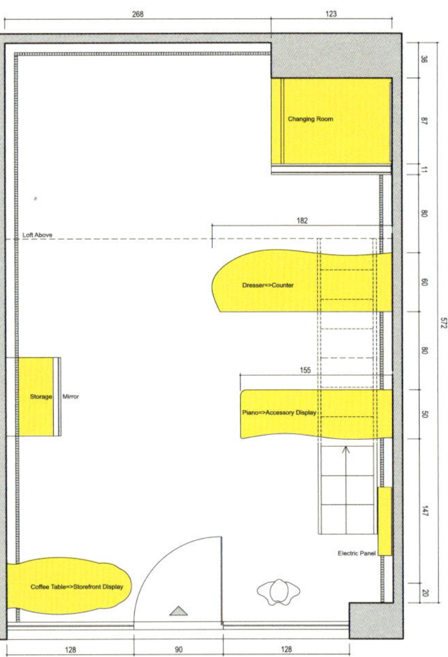

Delicatessen Clothing Store

时装精品店

每一个时装消费者都有一个意识，那就是他（她）是在购买设计而不是材料。

此外，一款衣服是否过时取决于不断变化的流行趋势与季节，而不是它的质量与材质。因此，对于设计的资本投入远超过质量的资本投入。相反，在建筑上，材料的成本远超过设计的投入资本。

跟随了时装设计经济逻辑的Delicatessen服装店，在这次商店设计上力图扭转这一典型情况。把时尚界的两大策略引进空间内：将短暂性材料与杂乱的隔层运用到整个空间当中，因此店内的所有元素均由油布与硬纸管构成，与时尚界选用材料的形式有关，通过剪裁、折叠、旋转与包装，对原始的材料进行改造，形成新的展示元素，装饰于商店的试衣室、桌子及店面中；整间商店用一层可随时剥下更换的薄层，店内的设计可随着季节与流行趋势的改变而改变，使习惯性定期更换服饰的顾客能够沉浸在不断变化的氛围中，使空间设计能够成为一个定期的商品。在保持原有可行材料的情况下，从原始的环境中抽取出来，与新的环境形成对比。我们没有加入细节加工或精心制作的产品，只是在原始的空间上覆盖一些易于拆除的东西。由于没有使用一些精品零件与材料，为了保持整个空间的质量，我们严格挑选了两种材料把它们混合在一起，改变了其原有的属性。

商店的组合规划使商店后面的服装设计工作室与商店前面的空间形成连接。两个空间之间有一个过渡口，一直延伸并缠绕在硬纸管上，形成一个输送带。

灰色的油布带在充当背景的同时还可用来运输商品。把选择材料放在设计过程的首位，颠覆了传统的设计过程，并且把概念应用在材料上，在这里，材料的选择决定了其形态以及各元素的功能。店内的展示元素根据硬纸管的功能形成不同的形状，利用油布的灵活性，使折起的油布变成试衣室，打开时则形成了展示区，不用时还可以把它靠在墙壁上，成为墙壁的一部分，黄色与灰色的双面油布使这一做法更加突出。

时装设计是一个与现代生活融为一体的创意领域。整个时尚行业都在根据现实世界不断地变化着。建筑业同样必须面对不断变化的规划、预算与建筑用料的现实问题。如果我们想向服装设计学习，我们必须改变对建筑的期望。如果我们不期望所有的建筑作品都变成估计，如果我们可以对高端材料投入得少一点，我们也许可以更加重视材料的处理以及设计的质量而不是成本，也许可以更加重视设计师而不是承包商。

设计师：Z-A / Guy Zucker

摄影师：Naomi Yogev, Shay Ben Efraim

时尚设计：80% design / 20% material.

建筑设计：20% design / 80% material

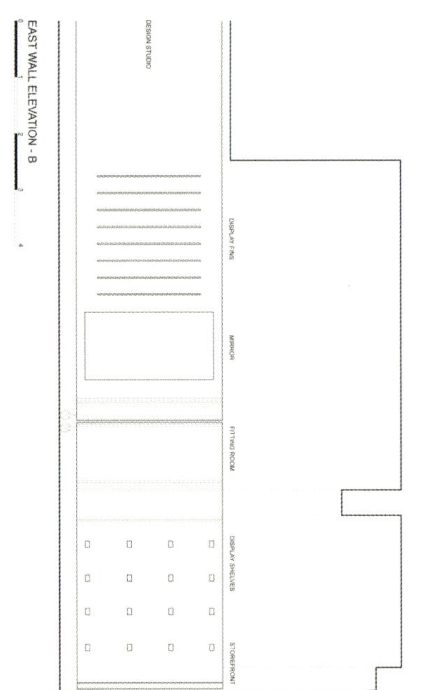

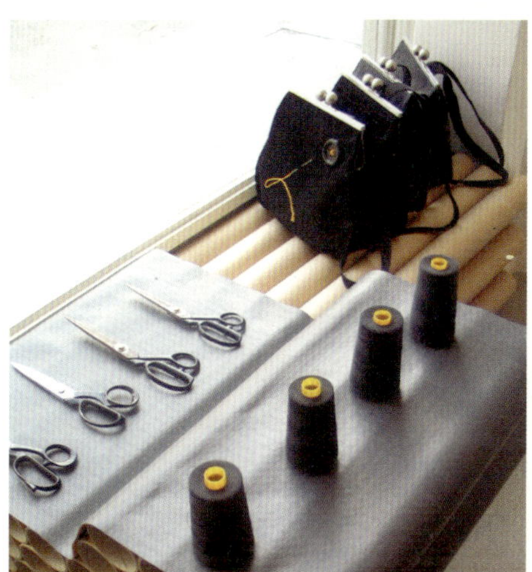

DISSONA Flagship Store

时尚皮具品牌店

迪桑娜作为时尚皮具中的翘楚品牌，长久以来与汉诺森进行紧密的形象合作，十五年来双方一起全方位地创建了一系列优质形象案例。随着企业多年的发展革新，迪桑娜品牌形象也和不断进步的精神内核一并成长，为终端的表现语言奠定了愈加自由发挥的可能。

目前，时尚行业对商业终端形象的需求日渐增长，我们提供的不仅是单纯意义上的空间美学追求，更需要造就美好的消费体验。例如迪桑娜进驻西武旗舰店，我们需要构建出一个完全具备奢侈价值的店面氛围，传递品牌最前沿的态度：纯粹的优雅。

DISSONA 旗舰店形象始终的愿望是创造一种纯净的环境气质，更好地烘托产品，并给予人独特的消费体验。此次我们加入了曲线元素，希望创造一种有韵律的、前沿的弧面美感，并在挑战国内施工难度的情况下，成功地融入了未来气息：乳色 Masland 纯羊毛地毯上特别织造了 DISSONA 标志纹样；施华洛世奇 Swarovski 巨型古典吊顶纯水晶灯成为点睛装饰；灰白麂皮欧式贵妃躺椅则强调出 DISSONA 极具特性的华贵品质。

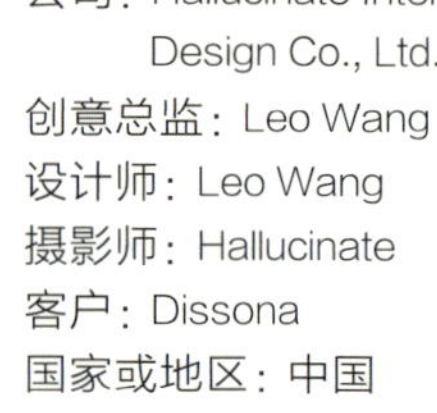

公司：Hallucinate Interior Design Co., Ltd.
创意总监：Leo Wang
设计师：Leo Wang
摄影师：Hallucinate
客户：Dissona
国家或地区：中国

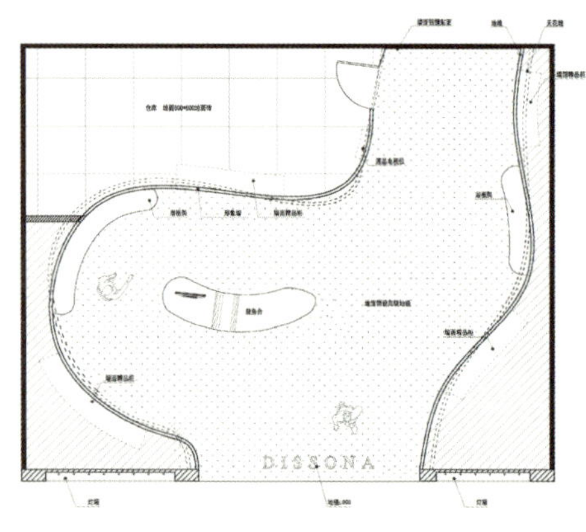

俯视图

DISSONA

Supermarket Concept Store
怀旧风格服装店

公司：studio reMiks
国家或地区：南斯拉夫

这是塞尔维亚的设计工作室 reMiks 为 Supermarket 完成的设计，其灵感来源于“共产主义的流金岁月”。这间店以前是一个位于贝尔格莱德的折扣超级市场，里面有酒吧、饭店、发廊及时装店。我们的目标是创造冰箱，医疗屏幕及露营车等作为商场里的展示设备。

实际上，1400 平方米的 Supermarket 概念商店，建于前南斯拉夫时期。reMiks 对于“共产主义的流金岁月”的轻松态度，与至粗犷主义的建筑风格，成为了 reMiks 工作团队的灵感来源。店内的设计故意未经加工，看上去像未完成的作品一样，让各种各样精致奢华的商品或各种享乐的生活在一个极端简陋的环境里进行。破裂的混凝土地板、剥落的厕所门及废弃的货物升降梯都是店内的装置设计。店内的销售区域是用回收木材（OSB）做成的。根据设计的目的，创造一个“有缺陷的背景，只为有素养的消费者”为主题的商店。

整个商店被划分为几个区域：25 米长的酒吧，沿着长长的销售区域有超过 150 平方米的时装店、350 平方米的 Spa 与发廊、200 平方米的餐馆及穿插其中的艺术 & 设计展览空间。

原生态的设计方法对于当代艺术与设计在商业销售空间里的应用起重要作用。Supermarket 是第一届 Mikser 设计展的一个举办地，另一个 reMiks / Mikser 智慧儿童作品展在 2010 年 6 月 6 日到 6 月 12 日举行。

Supermarket 概念店以几个方式提高了贝尔格莱德目前的零售理念：

丰富多彩的慢购物体验、灵活的空间、完美多样的活动、文化内涵、年轻设计师推广与展示商品的新方式都影响着消费者的品味，与消费者做更多的交流，提供关于品牌更多的高质量资讯、高质量环保或时尚的商品。

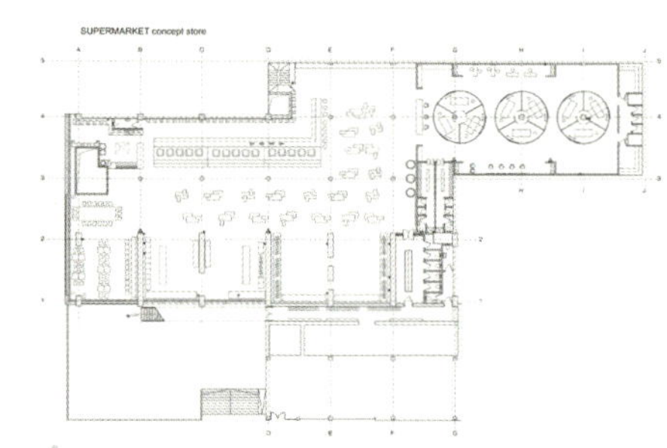

The Richard Chai Store

临时服装销售商店

The Richard Chai 是一间临时的销售商店，由 Snarkitecture 与设计师 Richard Chai 合作完成，成为 Boffo and Spilios Gianakopoulos 在 HL23 里主办的时尚系列的一部分。它从一个现有的结构范围里雕刻出一个装置，把顾客围在一个单独冰冷的洞穴中。
手工雕刻的白色泡沫形成一个侵蚀的状态，延伸的雕刻墙与天花板为 Richard Chai 的商品创造出多变的展示背景。一系列的架子、壁龛、衣架及其他嵌入物展示了设计师对展示的挑剔。临时展示结束时，里面的材料都会送回工厂，循环再造成硬塑胶材料。

公司：Snarkitecture
设计师：Richard Chai paired with Snarkitecture
摄影师：David B. Smith
国家或地区：美国

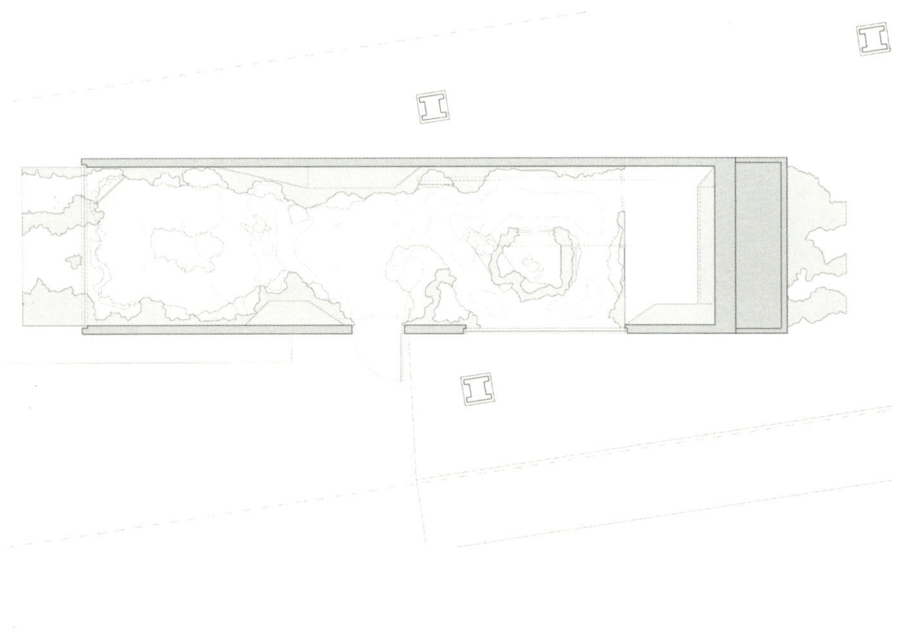

RICHARD CHAI × SNARKITECTURE

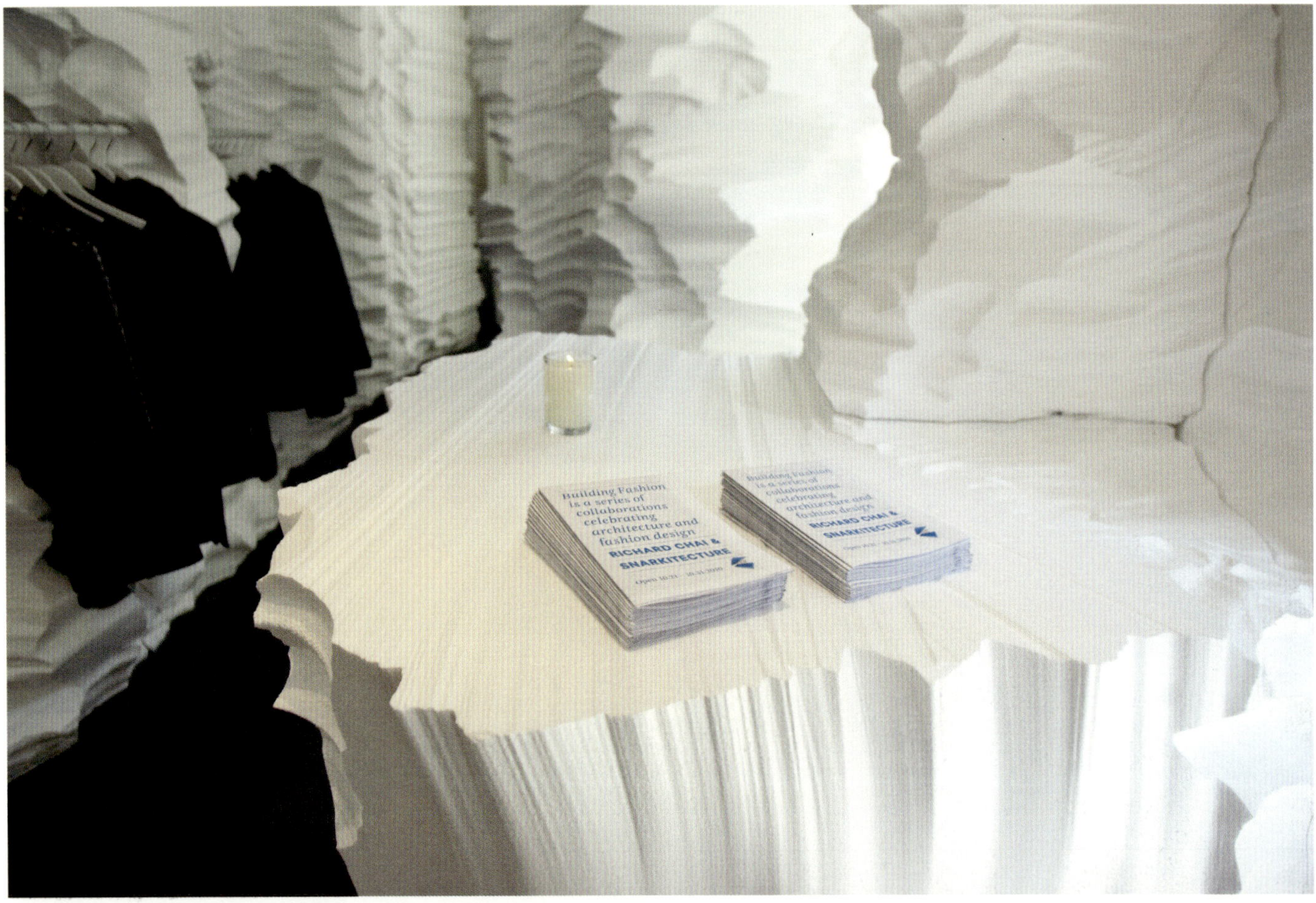
Building Fashion
is a series of
collaborations
celebrating
architecture and
fashion design
RICHARD CHAI &
SNARKITECTURE

UBIQ 是一间位于美国费城的鞋子专卖店。

公司：Architecture At Large
国家或地区：美国

Jeanswest2 In Wuxi

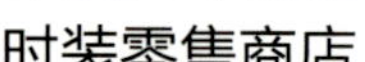

时装零售商店

这是一间用许多分散的盒子构成的时装店：
现在，庞大的物流支撑着我们的消费方式，我们的生活不能没有强大的物流。在这间时装店里，我们采用了装运的象征性元素小木箱创造出整个空间的内部，引起消费者的购买欲。在 350 平方米的白色空间里放入 150 个小木箱，通过连锁系统把 3 种尺寸的木箱堆叠延伸，形成展示商品的平台。人们可以在里面四处走动，犹如在一个大仓库里寻找特价商品一样。

公司：SAKO Architects
创意总监：Keiichiro SAKO
设计师：Tomoaki MURATA
摄影师：Zhonghai SHEN
客户：Jeanswest International (Hk)Ltd.

The ALV Showroom
品牌服饰专卖店

The ALV Showroom 是一间品牌服饰专卖店。

设计师：Fabio November

JCDC Store London

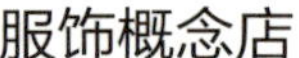

服饰概念店

Jean Charles de Castelbajac 是最酷的法国设计师，刚刚在时尚的中心地带 Mayfair 开了自己新的概念店，位于 Conduit 街与萨维尔街的交界处。

JCDC 旗舰店由 Christian Ghion 设计，她同时也是 JCDC 巴黎店的设计师。

地面与地下两层共 320 平方米的伦敦空间，被 Christian Ghion 合理地规划成一个与 JCDC 强烈的图形环境以及其商品的多样性相适应的商店。通过千变万化的纤维织物以及鲜艳的三原色（同时也是 Castelbajac 的商标），将墙纸、家具、餐具、所设计的男装和女装及艺术品全部呈现在产品制作的氛围中。商店的正面会让人回想起伦敦或纽约的剧院。Christian Ghion 与著名法国时尚设计师的合作创造出了一个独一无二的流行世界！

公司：Christian Ghion Studio
创意总监：Christian Ghion Studio
设计师：Christian Ghion Studio
摄影师：Christian Ghion Studio
客户：Pierre Gagnaire & Intercontinental
国家或地区：法国

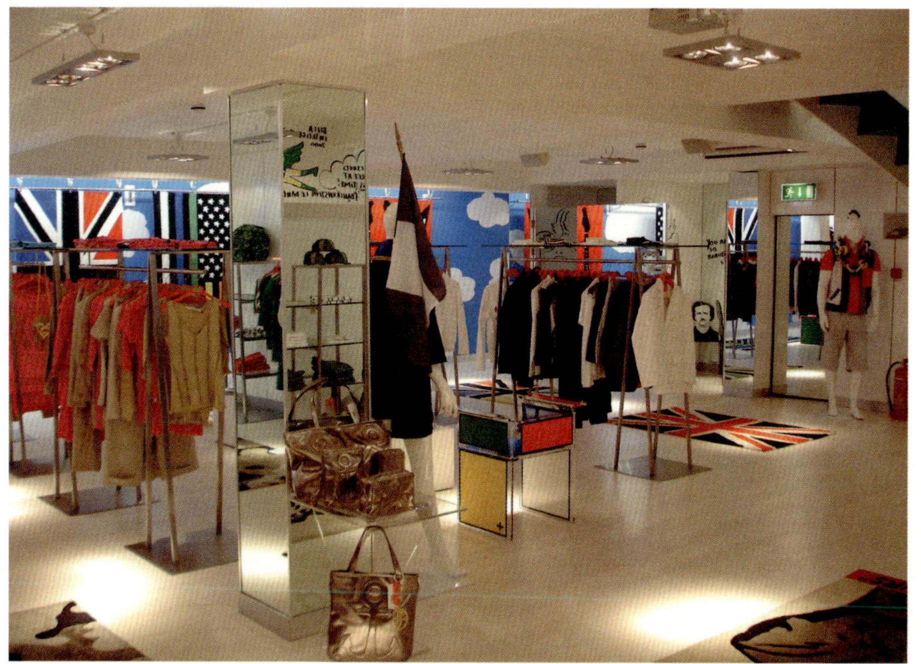

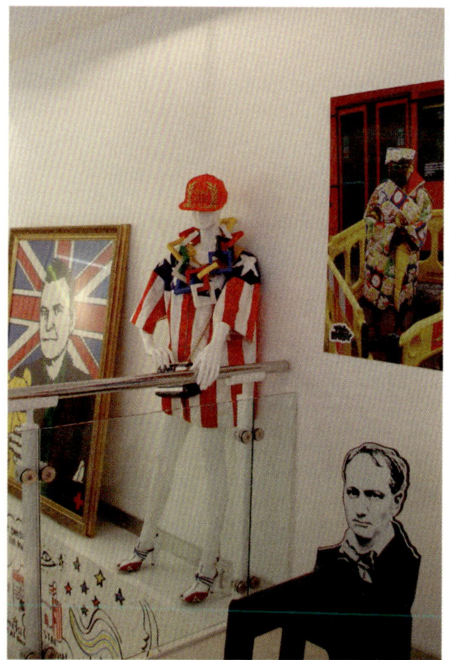

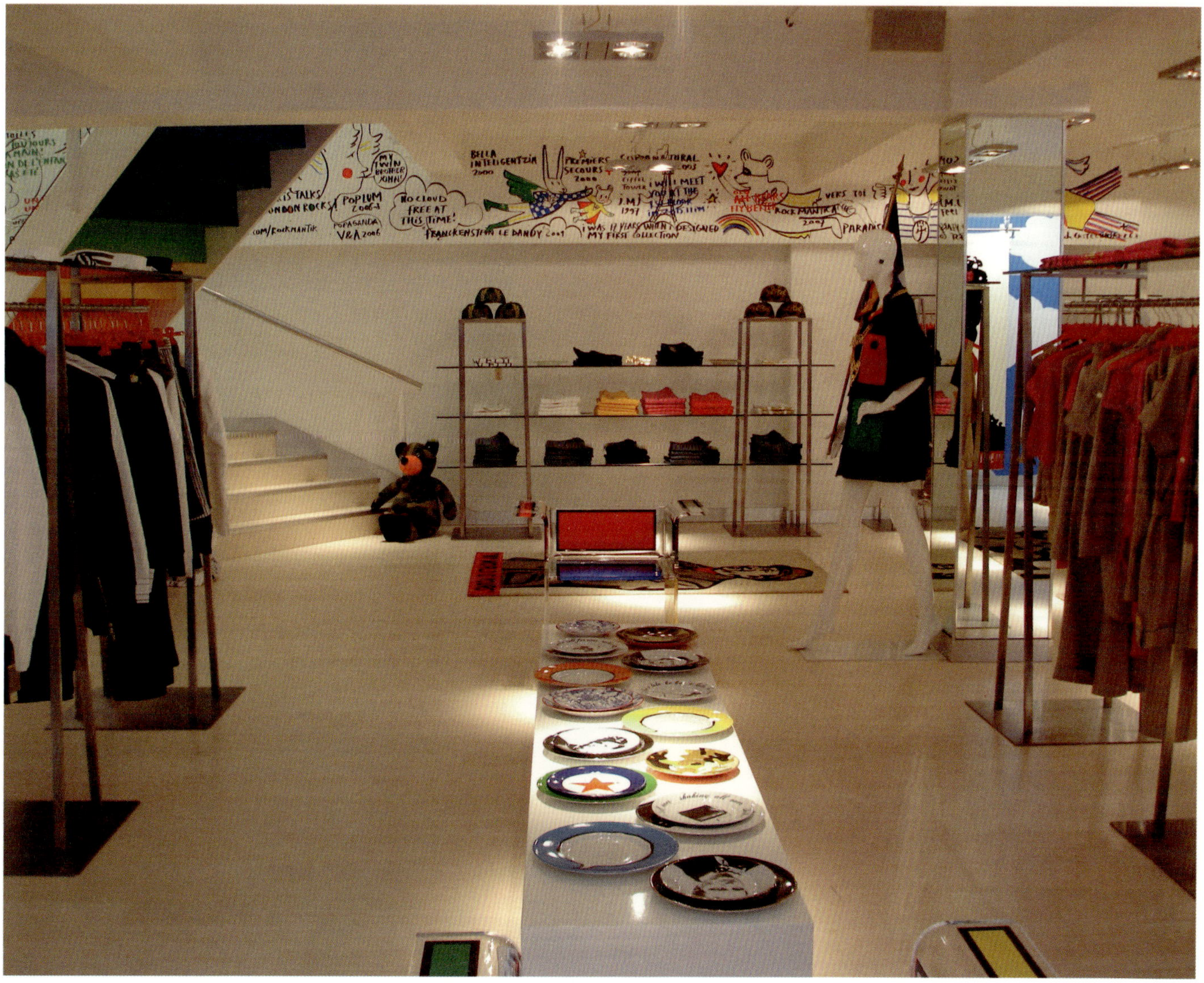
MY TWIN BROTHER JOHN!
POPLUM 2006
POPAGANDA V&A 2006
NO CLOUD FREE AT THIS TIME!
BELLA INTELLIGENTZIA 2000
PREMIERS SECOURS 2000
FRANCKENSTEIN LE DANDY 2001
I WAS 17 YEARS WHEN I DESIGNED MY FIRST COLLECTION
EIFFEL TOWER
J.M.J 1997
VERS TOI
ROCKMANTICA 2007

V2K Istinye

时尚服饰商店

这是 Vakko 的新分店，位于伊斯坦布尔公园的新购物商场里，专售男女服装，其空间为 1500 平方米的长方形。这个项目融入了 Vakko 前卫的风格与经典的现代元素。石灰墙与黑白的花岗岩地板连接在一起，一直延伸到激光切割装饰的天花板上。除了服装销售区域外，黄铜色的展示区也是一个吸引眼球的区域，用桌球台强调男装部。

公司：Autoban
摄影师：Ali Bekman
国家或地区： 土耳其

Dooney & Bourke - Macao

女包专卖店

Dooney & Bourke 委托 Jeffrey Hutchison & Associates 公司为他们的品牌设计一个大胆的视觉语言，同时保持对公司传统的尊敬。这个设计理念使一间精致独特的商店诞生，其大小约为 2500 平方米，位于新的澳门威尼斯酒店内。JHA 创造了一种时尚而温暖的环境，更新了 Dooney & Bourke 的形象，通过商品的细节表达其丰富性。

商店的正面是一面用木条堆砌而成的墙壁，为整个空间创造一个入口，向路人强调商店的主打商品。JHA 利用航海的细节与形式把它们以一种现代的方式呈现，同时带有几分亲切感与新鲜感。弯曲的木条墙为 Dooney & Bourke 的商品提供了一个丰富的背景。

商店的室内设计分为两大空间，展示着不同的产品。

穿过前门的木墙进入第一个房间，里面摆放着精美的漆木家具以及独特灯光衬托下的商品。

来到另一个房间，长长的木架子与拱形的天花板让你感觉身处在圆滑的“游艇”上。小比例的房间可以使顾客更近距离地体验精致的商品。

商店内采用的原材料包括大理石地板、威尼斯石膏、樱桃木卷曲板条墙及暗黄色的灯光的。

公司：Jeffrey Hutchison & Associates
创意总监：Jeffrey Hutchison
设计师：Jeffrey Hutchison
摄影师：Charlie Xia
客户：Dooney & Bourke
国家或地区：美国

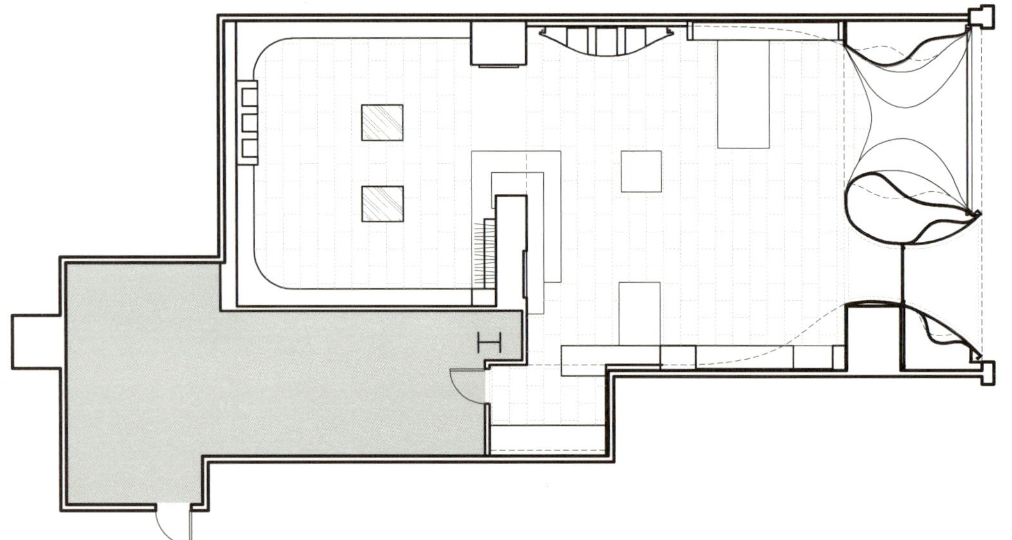

Barneys New York - Chicago

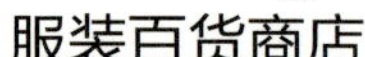

服装百货商店

在芝加哥时尚区的中心，Oak street 与 Rush street 的交界处，开了一间面积为 91,500 平方英尺的新服装百货商店 Barneys New York，由 Jeffrey Hutchison and Associates 负责设计。

整间商场由 6 个故事构成，借鉴了这个城市伟大的建筑文化，把艺术与销售融为一体。商场的设计引用了 Louis Sullivan 的 Carson Pirie Scott 商店的结构，通过印第安那石灰岩与青铜色的框架窗口的运用，提升了整个设计的档次。

Barneys New York 的边界有一个混合了规律摆放的商品的 Barneys 商标，高达 7 层楼，每一层都传达出与该层商品一致的独特的感觉：

商店首层（专售女士配件与饰品）的灵感来源于 20 世纪早期豪华的购物中心，香水与化妆品位于商店的底层，通过一条几何形的雕塑楼梯到达。底层的地板是漂亮的几何图形白色大理石，与背光的装饰壁画融合在一起，突出了展示的商品，传达出一种干净、清新的感觉。

通过漂浮的转角玻璃石楼梯，来到第二层的“女士世界”。为了展示诱人的鞋子，JHA 创造了一个斑驳的丙烯酸架子，使展示在上面的鞋子看上去像漂浮在空中一样。该层的其他部分都用于展示女士服装，与三角形图形的灰色石灰岩地板形成对比。凹圆形的灯光覆盖整个天花板，形成了一个强烈的视觉图案，更进一步地提高了这一层的设计。

公司：Jeffrey Hutchison & Associates
创意总监：Jeffrey Hutchison
设计师：Jeffrey Hutchison
摄影师：Adrian Wilson
客户：Barneys New York
国家或地区：美国

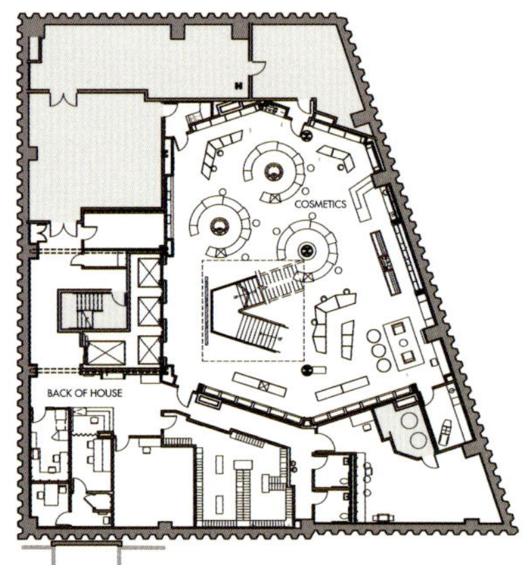

BALENCIAGA

BALENCIAGA
BARNEYS
NEW YORK

Candido1859 Department Store
品牌男装专卖店

最后的3层是Candido的男装部（建于1859年），位于其在意大利南部开的第一间品牌店里面。镜面的天花板增加了整个空间的高度，在引诱顾客进入彩色的灯光大道之前先用镜面的天花板捕捉顾客的好奇心。
另外，上层的中庭通过透视与错觉的结合改变了周围的空间环境。

公司：Local Office for Large Architectures.
设计师：Local Office for Large Architectures.
摄影师：Francesco Prato
国家或地区：意大利

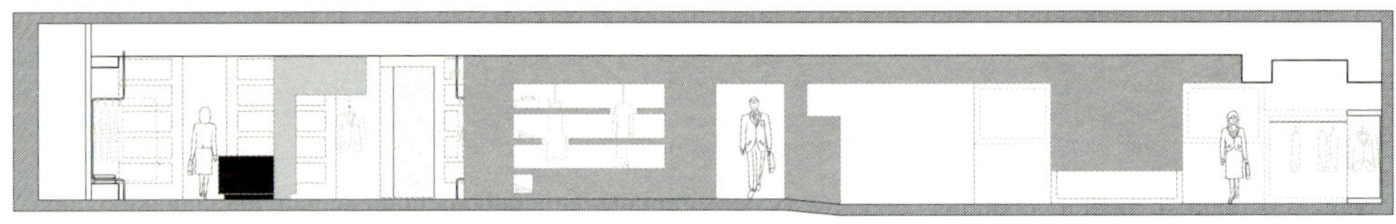

SECTION.2

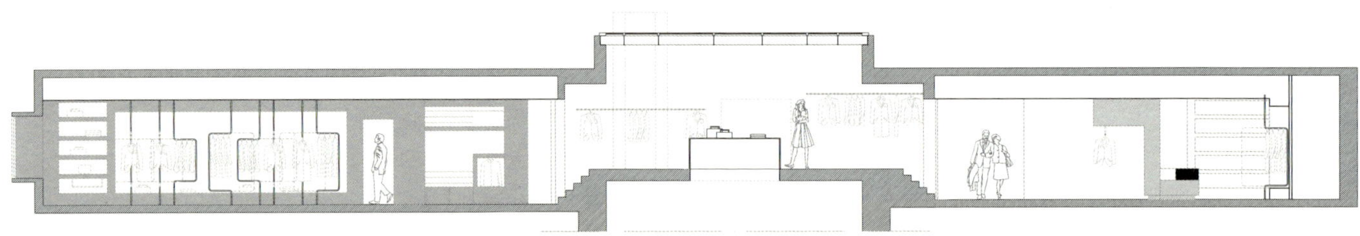

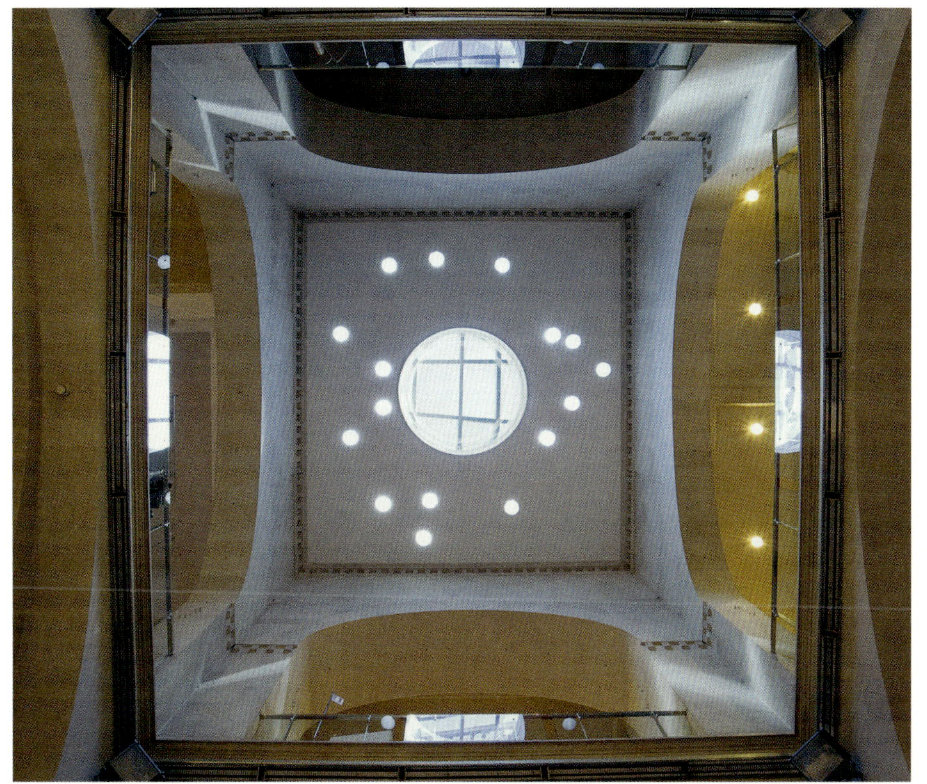

Suneet Varma Store

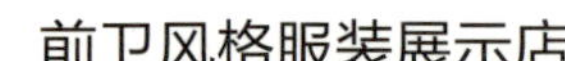

前卫风格服装展示店

这间商店位于一个新的豪华商场里，销售商希望他们的商店能够在众多的顶级国际商店中脱颖而出。

根据这一宗旨，我们有意识地选择了不同的方式来解释奢华——不是运用豪华的材料与象征性的制品，而是通过有活力而低调的空间衔接，创造出整洁有序的环境，从而传达一种高级设计的感觉。

这次的商店设计理念以折纸手工为基础，在空间里附上折叠的纸飞机以及刚开始学习折纸的折纸模型，再把这些不同规模的折纸重新配置，摆放在商店里。最后巧妙地利用 3D 建模软件生成 28 款组合方案，为施工图打下基础。

整个设计由两架悬浮在黑暗木箱里的白色折叠飞机构成。这两架飞机承担着各种各样的功能。从主要的服装展示架（灯光从上面照射）到电流管与排气管。收银台隐藏在其中一架飞机的后面，用红布作门的大型试衣室同样也隐藏在里面。金属框假天花板上悬挂着几百朵花和激光型的丙烯酸板，这一粗犷的设计与下面直线型的飞机形成了强烈的对比。

公司：Romi Khosla Design Studios
设计师：Martand Khosla
摄影师：Saurabh Pandey
客户：Suneet Varma Designs Pvt. Ltd.
国家或地区：印度

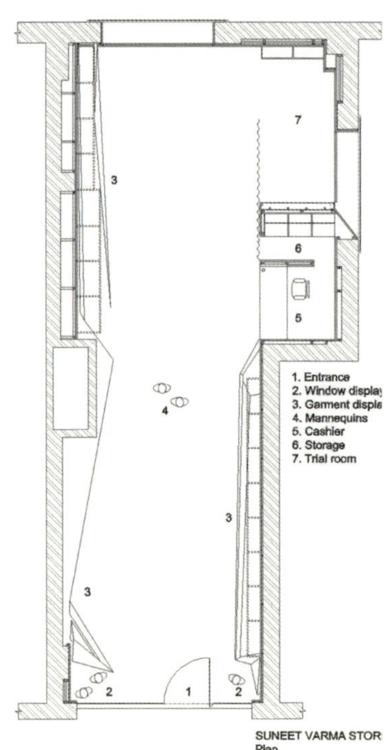

饰品店

ISE Jewellery
珠宝店

ISE 珠宝是一个家族企业，他们委托 HEAD 工作室重新设计其品牌形象，并搬迁到中国香港的半岛酒店中。除保留了传统风格的服务台与收银台，商店的其他部分都很现代化。并且不断重复排列现有的标志，将其应用在店内所有的双面玻璃上。商店的外部设计用匹配的有纹玻璃做成展示橱窗，橱窗里分别摆放了男女人型模特，用于展示独特的珠宝。

公司：HEAD Architecture and Design Ltd
设计师：HEAD Architecture and Design Ltd
客户：ISE Jewllery
国家或地区：中国香港

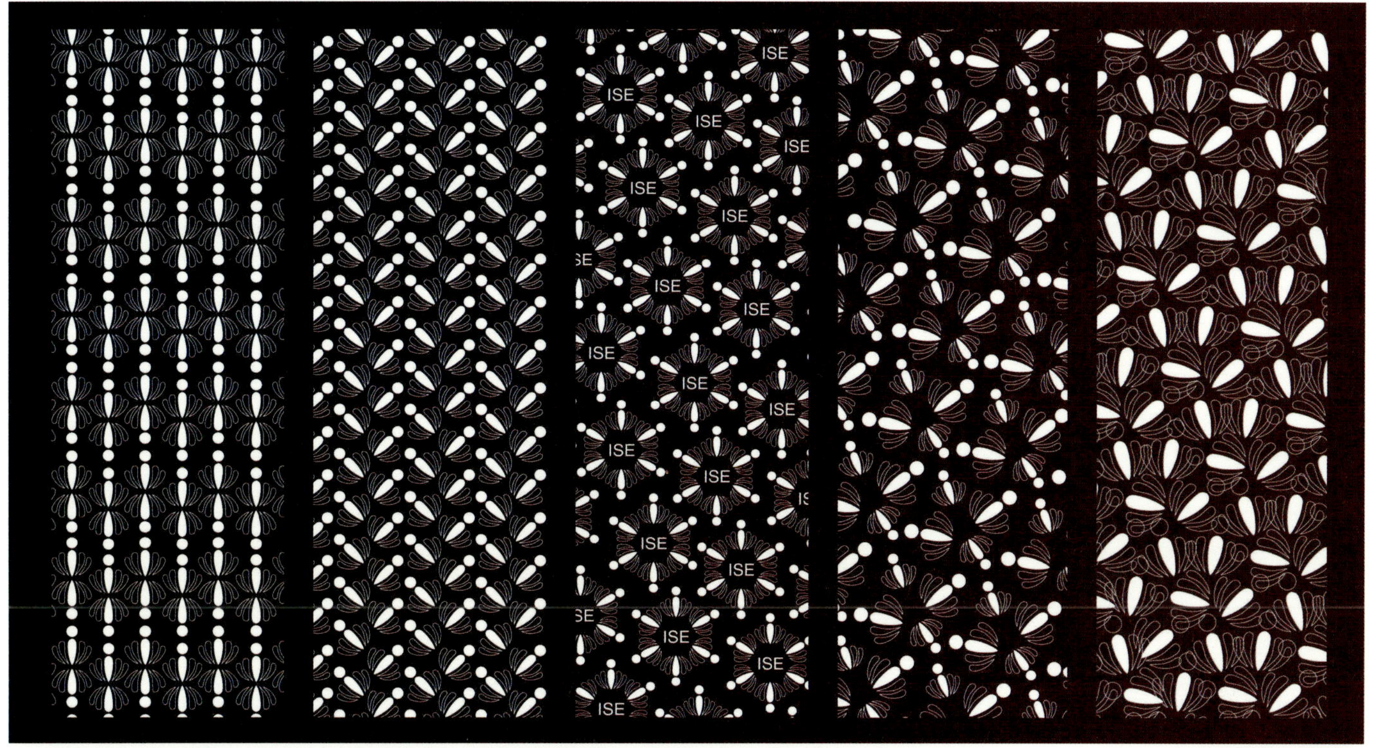
ISE

Mauboussin U.S. Flagship Store

创意饰品店

公司：Rockwell Group
设计师：Rockwell Group
摄影师：Barbel Miebach
国家或地区：美国

Rockwell Group 对 5 个不同主题的房子进行改造，创造出一个全新的体验环境，让顾客发现有创意的流行饰品。为了唤起顾客与饰品之间的情感连结，Rockwell Group 专注在好玩的商品展示上，通过多层次的超自然与意想不到的设计细节抓住这个品牌的魅力。

正面 / 门口：引进善于发现的精神。即使在进入商店之前，顾客也能发现一个透视的玻璃橱窗，里面摆放着漂亮的首饰盒。首先步入的是一条引人注目的走廊，走廊一边是闪亮的玻璃墙，另一边是另一个玻璃橱窗。室内的多方面透射能使路过的人看到魔幻色与几何形 Mauboussin 珠宝的特别设计。

首层：生活珠宝

商店旅程从商店的首层开始，黑暗梦幻的空间为浅色的生活珠宝提供了一个特别的背景，收藏在玻璃的盒子里。在入口处，有一束星形的 Mauboussin 花环。Rockwell Group 根据房子的传统概念，采用了深色的磨砂墙与金铜色的线脚。为了与这一经典设计不同，把不完整的线脚加入到超自然的环境中。在首层的中间是一个闪闪发亮的多面玻璃墙，延伸至商店的 3 层楼上。销售区域是一个私密的区域，用舒适的 wingback 椅子与定制的水珠或绢网天花隔开，为商店的老顾客提供一个私人的空间。若想到达第二层，可以通过豪华的楼梯，也可以乘坐电梯，当门口打开，你会惊喜地看到一个摆放着梳妆台、厚圆椅垫及镜子的私人闺房或化妆室。

第二层：钻石

第二层展示的是 Mauboussin 的钻石珠宝。每一款钻石上面都有一个放大镜，刺激顾客倾斜身体欣赏它，与其它形成交流。银色的变色木板和被侵蚀的石墨石灰墙及闪亮的钻石形成互补。

第三层：婚礼珠宝

第三层是专为婚礼而设的，是一个迷人娇柔的环境，布置着轻滑的绸带、蕾丝、薄纱及复古的镜子。

第四层：美食 salon

在 4 楼，顾客可以一边试戴珠宝，一边享受美味的巧克力饼干、美食与热饮。在餐桌上展示着各种各样的珠宝。该层的特色是外露的砖墙与琥珀色的玛瑙柜台，白色的橡木制品以及白巧克力色的橡木地板形成对比。

第五层：顶楼

商店的顶层是一个开放式的顶楼，用回收的木地板、外露的砖墙、定制的复古家具与灯光混搭而成。这里用于每月一次的私人聚餐，由一个高级的法国巴黎厨师举办。

Glockenturm Taschkent / Belfry Tashkent

精品珠宝店

Uzbekistan International Forums Palace位于乌兹别克斯坦的首都塔什干中心的Amir Timur广场上，Ippolito Fleitz Group设计了它的室内。为了庆祝塔什干第2200年周年纪念日，这个商场于2009年9月开业。一间珠宝店被放置在其中一个著名的钟塔内，成为整个设计的序幕，更成为Amir Timur广场的一大特色，同时也是整个设计项目的一部分。当顾客进入商店的就像步入一个华丽的首饰盒一样。商店里的房间从主题上或功能上展示了商品独有的特性。黑暗的墙壁上覆盖了一层由高光不锈钢板做成的激光切割装饰物，与墙壁分开独立成为空间的一部分，形成“第二层皮肤”的效果，并与灯光结合构成意想不到的深度。通过激光切割装饰物，墙尾上彩色的镜子与动态的灯光相结合让长形的房间有一种延伸的感觉。被照射的珠宝展示柜装有监视器，为珍贵的宝石提供了一个安全的舞台。

在著名的钟塔里，融入了乌兹别克的设计传统与现代的设计语言。在尖拱形窗户顶端的装饰物透过室内的不锈钢反射到窗户上。可见，室内与室外，古老与新潮结合在一起形成了一个迷人的综合体。

公司：Ippolito Fleitz Group

设计师：Peter Ippolito,GunterFleitz, Tilla Goldberg, Steffen Ringler, Alexander Fehre,Christian Kirschenmann

摄影师：Zooey Braun

客户：Republic of Uzbekistan

国家或地区：乌兹别克斯坦

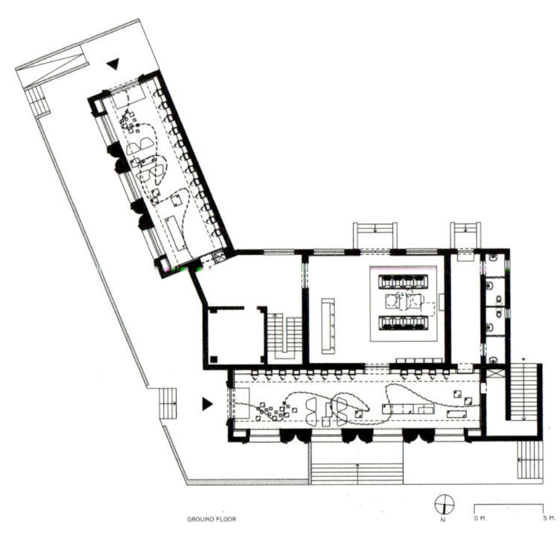

A Clockwork Snow

圣诞橱窗展示

机械齿轮好像从天上掉落下来，像冰冷的雪花一样，用魔法机器及时冰封成晶体。齿轮代表了我们理性的世界，但是在这里它们超越了纯粹的功能，成为一个浪漫而难以忘怀的梦。
Tjep. 从 6 个国际艺术家与设计师中被挑选出来，为意大利最有名的百货商店 La Rinascente 设计圣诞橱窗展示，该店位于米兰的大教堂广场。

公司：Tjep.
设计师：Frank Tjepkema,
Leonie Janssen

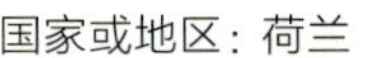

国家或地区：荷兰

CONTEMPORARY
CHRISTMAS
ART

RK Apothecary
化妆品零售商店

The LADG 利用定制的灯光与灵活的展示设备设计了一个位于圣塔莫尼卡的豪华商店空间。RK Apothecary 是一个空间利用率高且视觉效果迷人的零售空间。里面的商品不是摆放在架子上，而是展示在一系列“古怪的水果”桌上，让客人能够与它进行交流。在重新设计之前，RK Apothecary 是一个小型、结构密集且电力元素不能更改的空间。由于客人没有大量的资金对整个空间进行改造翻新，因此 The LADG 必须根据已有的室内环境进行设计。双高的天花板促使他们设计悬挂式的照明系统，从而为商店空间注入活力。

正方形或直线形的桌子不能太大，否则会使顾客不能通过，也不能太小，否则不够空间展示店内大量的商品。在有限的条件下，The LADG 尝试用装有水的冰袋做桌子，这让人回想起 19 世纪 60 年代的电影里英国护士帮发烧病人退烧用的冰袋。他们注意到这些冰袋如何在障碍物的四周倒下、折叠与打滚。这一展示设计仿效了冰袋的形态，使展示桌能够自由地穿梭在圆柱与奇怪的角落间。

公司：The Los Angeles Design Group
摄影师：Todd Weaver
国家或地区：美国

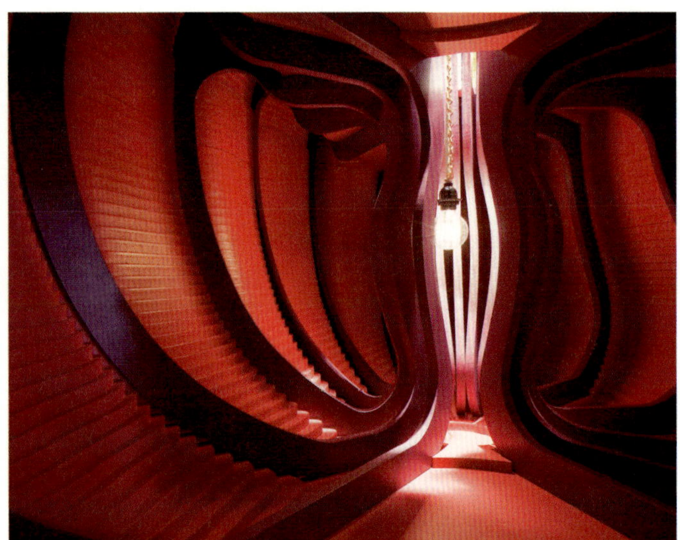

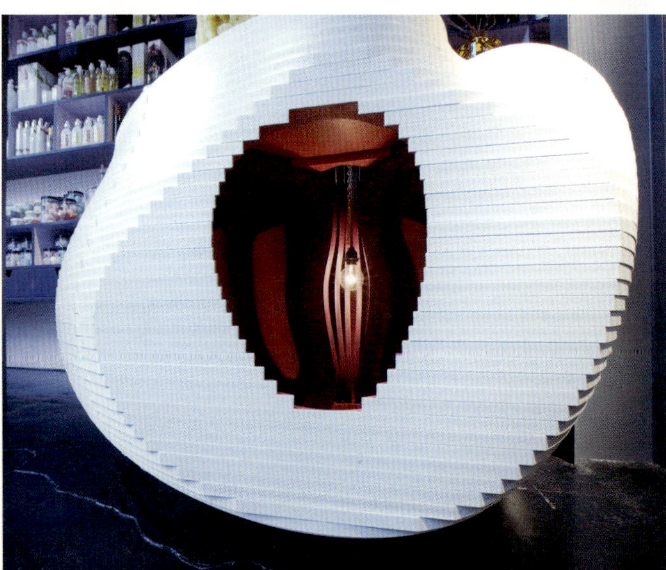

Estée Lauder

化妆品专卖店

Estée Lauder 在 1946 年建立了这间公司，以 4 种商品为特色，坚持一个信念：每个女人都可以很美。60 多年后的今天，这个简单的概念渐渐改变了美容事业的面貌。这次 plajer & franz 工作室的主要目标是为这个传统品牌创造一个现代的形象，为柏林最具吸引力的百货商店 KaDeWe 设计一个一流的招待活动。不管开放的外形，还是干净的颜色与简单的形式都是包豪斯与装饰艺术风格所推荐的。整个高质量的视觉效果隐喻了公司的故事与历史。plajer & franz 的创意设计既想吸引游客，又想吸引超出预期的参展者。

公司：plajer & franz studio
设计师：plajer & franz studio
摄影师：Ken Schluchtmann
客户：Estée Lauder companies GmbH
国家或地区：德国

ESTĒE LAUDER
ESTĒE LAUDER
AUDER
ESTĒE LAUDER
The
Touch
Of
Luxury
KaDeWe

Conradt Optik
眼镜店

Mosbach 距离海尔布隆北部 30 公里，是该地区一个重要的中心古镇。Conradt Optik 是一间专业的眼镜店，位于古镇步行街的中心地带。商店的新业主想让自己从激烈的竞争中脱颖而出，因此把目光聚焦在眼镜品牌的选择部分以及单独的顾客护理部分。这一新的方向在商店的翻新上更加被强调。更新整个建筑的正面是翻新项目的一部分，以使商店的轮廓和其它商店明显不同。

长长的落地窗让顾客能够最大限度地看到店内，同时也可用做展示橱窗。两间相邻商店的合并形成了一个细长的建筑平面。商店从两边向步行街上开放，两边的门口都可以通向店内的主要服务中心，也是店内的主要展示区。

商店的后墙、天花板及它们之间的水平凹位完美地合并在一起。该设计把这一区域与客户服务区区分开来，同时与两边的门口连接在一起。凹陷的天花板上用结构精细的线条装饰，给人以一种大方有活力的感觉。里面隐藏了一些现有的设备，如楼梯与工作室，通过半圆的凹弧形与天花板连接在一起。

柔和的轮廓让整个空间更加宽阔开放，同时根据不同的商品把它划分成几个不同的区域，分别是女士眼镜、男士眼镜及儿童眼镜。眼镜展示在 3 个凹陷式隔层里，延伸至正面后墙上。前后灯光的照射形成了一个更好的展示效果。与展示橱窗平行的是 3 个漂浮的展示柜，设有轻微的角度，专供 opticians 系列眼镜之用。持续不断的后灯让顾客的眼光能够停留在漂亮的商品上，同时也使整个空间充满律动感，更有深度。

客户服务中心设置在上层两边的末端。拱形的桌面延续了柔和的线条设计，为讨论与沟通创造出一种公开透明的氛围。商店的后面是一个隔离的折射房。整间商店的地板上都铺有深灰色的地毯。

公司：Ippolito fleitz group
设计师：Peter Ippolito,Gunter Fleitz,
Alexander Fehre,Tim Lessmann,
Christian Kirschenmann,
Vincent Gabriel,Anne Lambertz,
Axel Knapp (Graphics),
Yuan Peng (Graphics)
摄影师：Zooey Braun
客户：Conradt Optik GmbH
国家或地区：德国

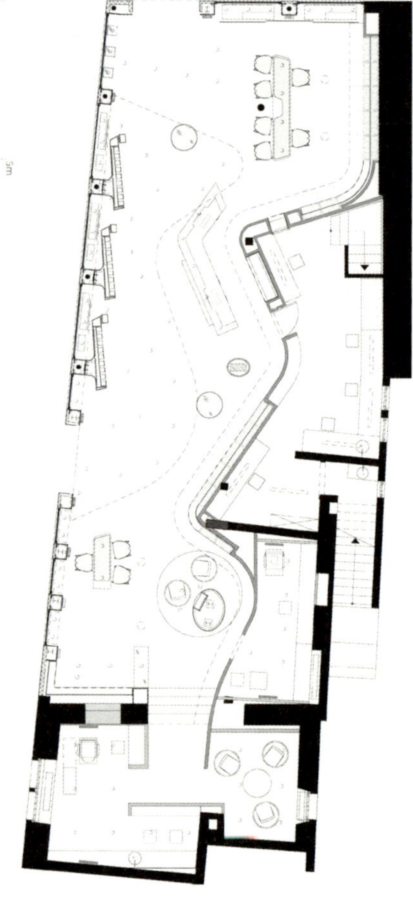

Centre VU, Montreal, Quebec
视力检验中心

VU 中心是一个视力检验中心，提供了高级的品牌镜框与太阳眼镜。2008 年，Ruscio 工作室再一次接受挑战更新整个商店形象，以使其变得更加成熟。

目前的商店设计有 3 个主要的设计版块：第一，12 年没有翻新以及重新设计的 Signature Collection Department 压倒性成功，导致了更新整个商店形象这一任务的必然性；第二，高高的地面布局让人很难清楚地看到商店内部；第三，出现太多新的品牌，形成混乱，会让其他品牌的商品取代。

最终，我们利用灯光、图形及独一无二的眼镜展示系统，成功地把 VU 中心从混乱的品牌中跳脱出来，使其商品再次成为焦点。简约时尚的新 VU 中心再次很好地展现了其高级的品牌商品。

公司：Ruscio Studio Inc.
创意总监：Robert Ruscio
设计师：Robert Ruscio
摄影师：Leeza Studio Photography
客户：Le Centre VU
国家或地区：加拿大

The Flagship Of Comete Jewels In Milan

珠宝旗舰店

Alberto Apostoli 为 Comete Jewels 设计了米兰的旗舰店。感谢各领域的项目整合，让这个意大利建筑能够成为一个多感觉的情感设计。该设计理念来源于知名品牌 Comete 的“声明”——“Romanticamente schierati”（用浪漫的方式进行整顿），这使整个空间充满亲切感以及合理性。该空间呈现出一种 2D 的感觉，使人能够交流情感以及创造新的想法。该项目的关键词是情感与颜色，主要通过形式、灯光、声音及芳香 4 个方面进行诠释。销售点通过 3 个不同大小的照射橱窗形成一个背景光，看上去像在水平线上摇动着。背后的灯光不断变化着，形成了一种情绪与游戏，随着时间、四季、周期、主题及场合的变化而变化。整合的声音也是项目的一部分，和用于包装的香精同时使用，构成了一个特别的、点燃感觉的综合体。白色在整间商店中占主导地位，和灯光相结合为商店创造出最有感觉的情景。

商店外面的橱窗用最简单、最天然的形式衔接商店的外部与内部。满圆与空圆的运用使人们能够通过放大镜从真实世界中了解 Comete 的世界。

总之，这一设计理念是想利用新的方式去考虑珠宝的销售点——一种通过产品与“浪漫”感觉的方式，即情感的方式来刺激顾客的消费欲望。

公司：Alberto Apostolic Architecture&Design

创意总监：Alberto Apostoli

设计师：Alberto Apostoli

摄影师：Luca Morandini

客户：Comete Gioielli

国家或地区：意大利

COMETE

Trade Fair Stand For Stockholm Furniture

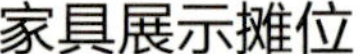

家具展示摊位

这是为 &tradition 在 2010 年斯德哥尔摩家具展设计的摊位。整个摊位完全用 norm 设计的金属书柜系统 NORM BLOX 建成。整个系统由两个不同大小的书柜构成，用两极的磁铁连接而成。每个书柜的前面与后面都可根据不同的用途更换颜色与材质，可用做桌子、伸展台等。

在这个长而窄的摊位空间里，明智的选择是让其垂直化，给人留下强烈的印象。摊位的箱子有规律地堆放在一起，从而达到一种好玩并严谨的效果，与其品牌形象相一致。摊位的前面与后面采用了 &tradition 的品牌颜色，同时应用在设计的雕像上。商品巧妙地分布在大小各异的架子上，形成了一种比例扭曲的感觉。对着摊位的前面有 5 个巨大的 BLOX 用做伸展台，天然橡木桌脚把 BLOX 变成几张小桌子。天花板上悬挂着一组组形状不同的吊灯，看上去像一个透明的窗帘。

公司：Norm.Architects
创意总监：Jonas Bjerre-Poulsen &Kasper Ronn
设计师：Norm.Architects/ Jonas Bjerre-Poulsen &Kasper Ronn
摄影师：Jonas Bjerre-Poulsen
国家或地区：丹麦

&tradition
&TRADITION, THE NORDIC HERITAGE
IN CONTEMPORARY DESIGN
ANDTRADITION
MILK
SHUFFLE
TABLE

FLOWERPOT
BULB

图书店

Ohwow Book Club

袖珍书店

Rafael de Cardenas 为 Ohwow 设计了一个新的商店空间，其灵感来源于 Navajo 毛毯上常用的阶梯图案，由设计师 Al Moran 与 AronBondaroff 负责。Ohwow 读书俱乐部位于 Waverly Place 的负一层，以历史的褐色砂石为地标。只有 150 平方英尺大小的袖珍商店被 Rafael de Cardenas 设计成经典的战前纽约式黑白色浴室。它的置物架一个堆放在另一个上面，与后面的负空间形成一种漂浮的感觉。墙壁上流线型的笔画分层图案与反射的多角形胶带以及鲜艳的荧光灯相结合，使整个空间富有迷失感与混乱感，与 Ohwow 为文化事业创造一个异位舞台的愿望相呼应。

设计师：Rafael de Cάrdenas
摄影师：Floto + Warner
客户：Ohwow Book Club
国家或地区：美国

New People The Store
可爱书店

The New People J-Pop Culture 在三藩市的日本城开幕，这里是一个发源于五大历史古塔的区域，让日本游客产生一种异国情怀。这里的业主是一个日本漫画出版人，他是 VIZ Picture 公司的主席日本电影在美国的经销商。根据业主的要求，我们为这栋新的建筑进行了室内设计，使这里成为一个展示现代日本流行文化的中心。一开始我们先为中心的公共空间进行设计，如一楼的大厅、夹层的New People The Store零售商店及三楼的VIZ Picture办公室。建筑的底层还有一个电影院，二楼有电影租借区。

隔层的商店展示侧板上是漫画家 Yuichi Yokoyama 所画的漫画。可爱的“脸部家具”看上去像适合大家对话一样，装饰在地板上的水平展示与墙上的垂直展示上。中心三楼的展示区展示了一排电影海报以及胶卷，把董事长的办公室与其他办公空间隔开，在其他办公空间里我们可以看到 3 张椭圆形桌子以及一个有窗橱柜，使整个区域形成了一种欢迎就餐的氛围。

由于有限的执行时间和对高质量的要求，店内所有的设备都是日本制造，以使其能够更加容易地在现场组合安装。通过 2D 漫画主题与 3D 建筑深度相结合，创造出一个抽象而有趣的效果。此外，我们受到了建筑名称的启发，创造了一个独一无二的空间，在里面，读者可以体验到超现实主义世界观以及培养对现代日本流行文化的鉴赏能力。

公司：Taiji Fujimori Atelier

摄影师：Daici Ano

国家或地区：日本

3F ARTS
2F FASHION

NEW PEOPLE

NARA

理发店

Hairu Hair Treatment

头发护理中心

Hairu 通过大方、干净、简洁的细节，采用天然材料的方案与配色，带客人进入一个与众不同的悠闲体验。Hairu 看上去可能像一间发廊，但是它却是一间头发健康护理中心，用来提供脱发治疗、头发护理及相关信息等。

两边墙上，用绸带装饰的镜子布满整个空间，照着空间的每一个角度，客人通过自己对面的镜子只能看到自己，而不会和治疗师眼神交汇。

玻璃隔板分隔出一个个独立的空间，也可移动成一体。

公司：Chrystalline Artchitect

设计师：Febrian A. Wijaya,
Nelly Candra

摄影师：William Sebastian

国家或地区：印度尼西亚

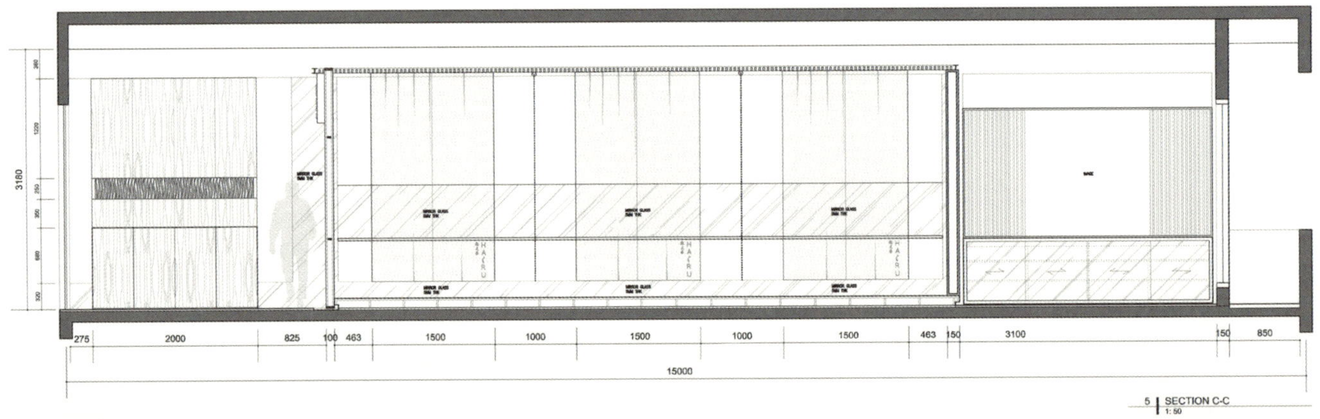

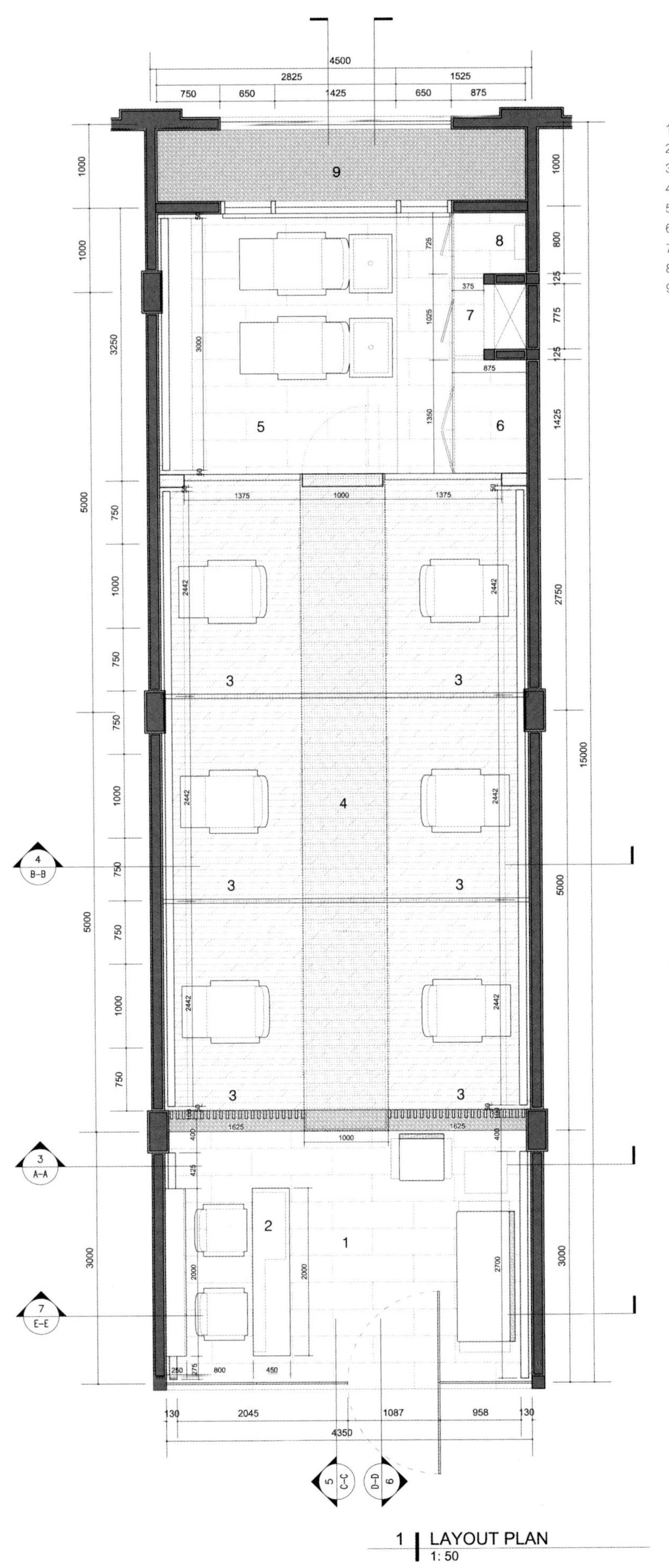

1. Reception 接待处
2. Cashier 收银处
3. Corridor 走廊
4. Hair Treatment 头发护理区
5. Hair Wash 洗头区
6. Staff Locker 员工储物柜
7. Panel/Utility Room 杂物房
8. Janitor 警卫室
9. Balcony 阳台

1 | LAYOUT PLAN
1: 50

鼎

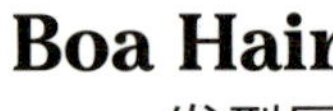

Boa Hair

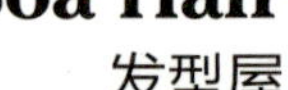

发型屋

Boa Hair 新的室内设计给人以一种进入自己世界的感觉，它是一个全新的发型屋。天花板的下面悬挂着白色透明的纤维须，当发型师打开吹风机的时候，整个空间的纤维须都跟着微微飘动。

公司：Claudia Meier Architektur
设计师：Claudia Meier
摄影师：Claudia Meier
客户：Manuela Daluz
国家或地区：瑞士

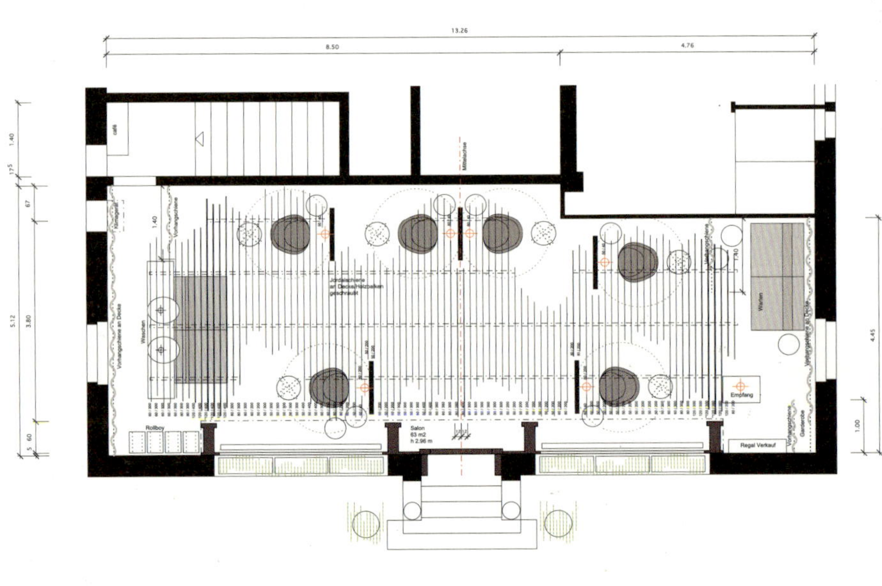

Eric Paris Salon Kerry Centre
美容店

Eric Paris Salon 的改造是为了把一、二两层楼的空间连接在一起，将二层用做理发区域，一层是已经存在的大堂入口、零售空间及接待处。GRAFT 引用了一条连绵不断的流动性楼梯把这两个空间连接起来，形成一个小型的“伸展台”。这一主要通道成为店内的主要脊柱，通道的分支把 salon 的不同区域连接起来。美术馆般的修甲区域让客人惊叹不已。隐藏的美容室里包含了特别设计的按摩台以及皮制墙壁的图案。

随着上升的楼梯，墙板也随之发生改变，直到它到达二楼，与走廊合为一体为止。雕刻的楼梯用华丽的金属板突出其内部，模仿夸张有光泽感的指甲油颜色及抛光的不锈钢外观为美容后的客人提供了一个扭曲的反射镜。

公司：Team Graft
客户：Eric Paris Salons Ltd.
国家或地区：中国

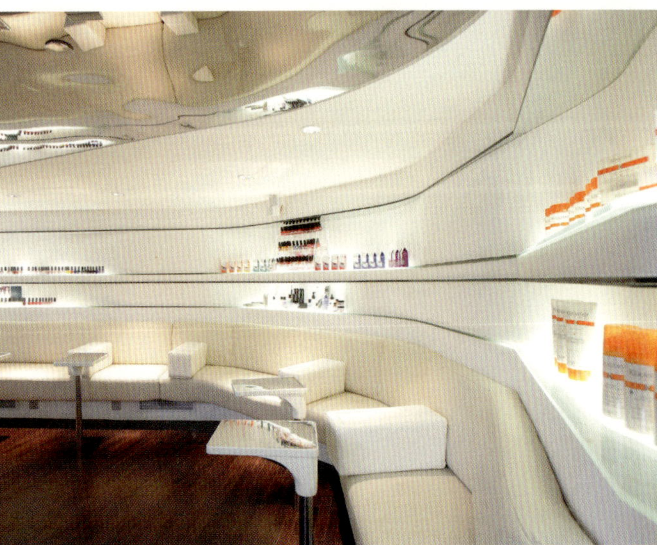

Mezzanine

夹层

2nd Floor Plan

二层平面图

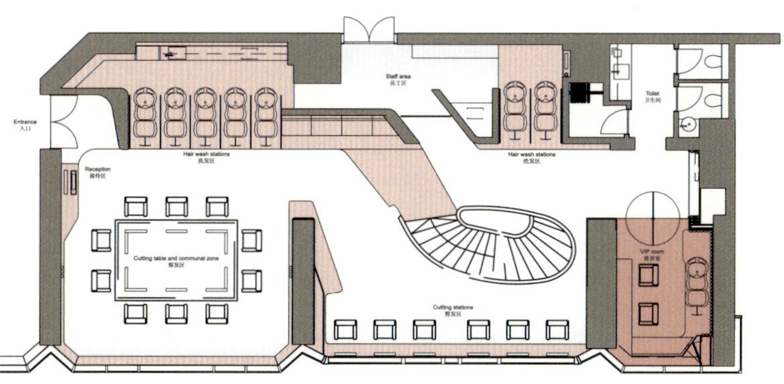

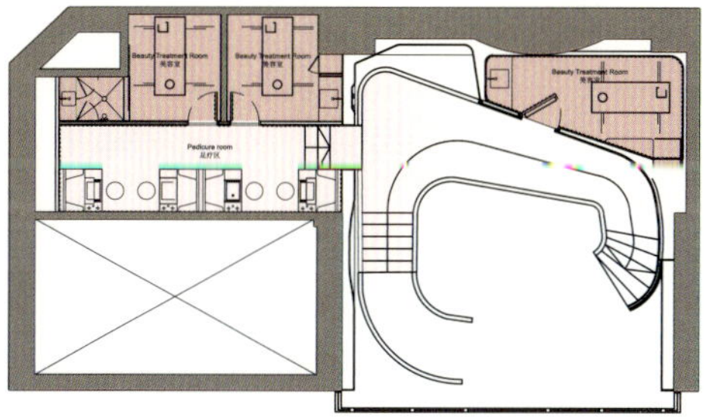

1ST Floor Plan

一层平面图

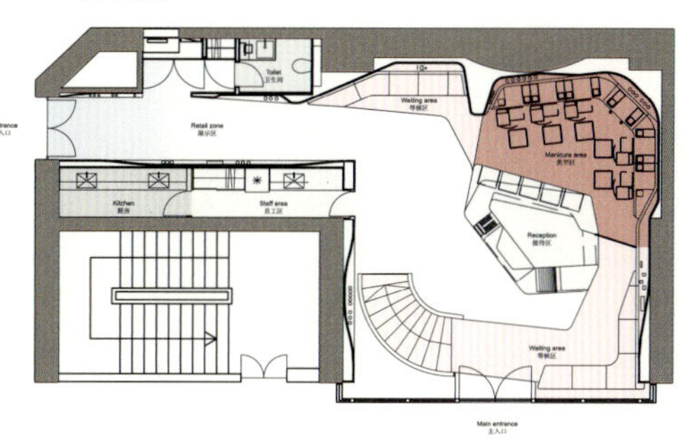

Burano
专业理发店

Burano 是一间专业理发店。

公司：Inly
设计师：Takahiro Fujii
摄影师：Seiryo Studio
国家或地区：日本

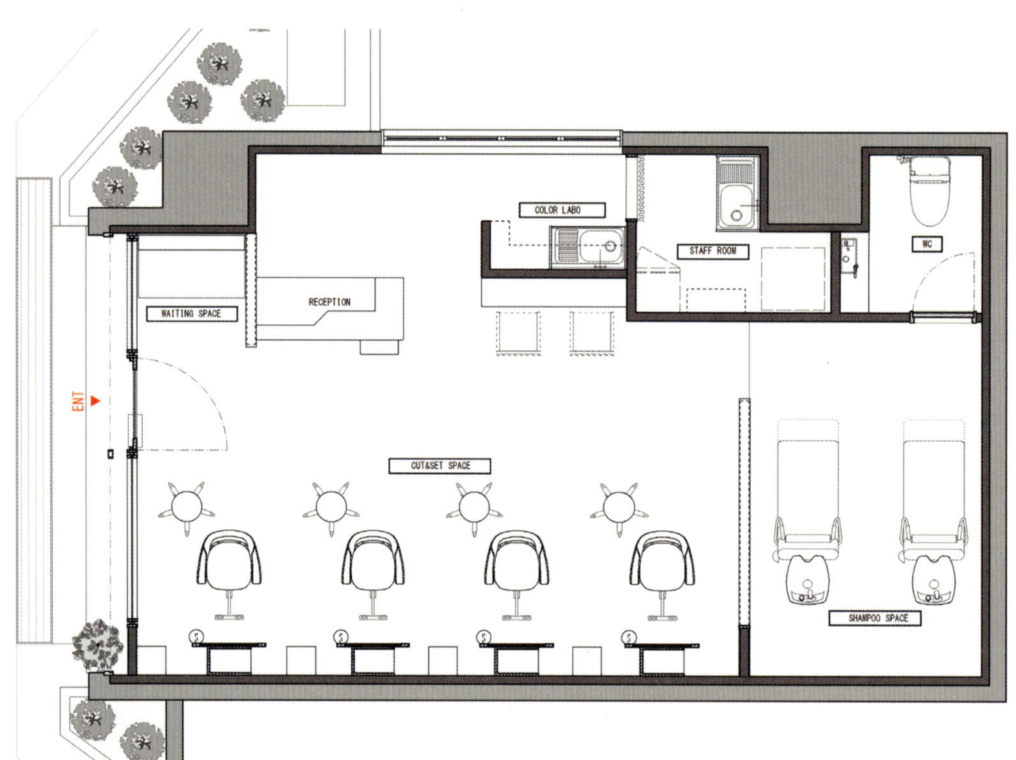

Burano
Burano

Tiara
精剪店

店铺与店铺之间的展示重点各不相同。在服装店，是衣服。在钟表店，是钟表。那么在理发店呢？答案是客人。

我想做一个顾客展示使整间店看上去很漂亮。

“Only one”——一切只为你，是这间店的理念。

人们对外界会产生有意识地抗拒，无论在何时何地都会形成一个自我的保护屏。然而，他们的障碍会通过他们的动作而改变。因此我设计了一个漂浮的天花板，使其根据椅子的形状发生变化，让客人在理发店里感觉到模糊的无形障碍。通过这一做法，人们在这个空旷的空间里可识别出自己的障碍。为天花板设计的背景灯与天花板形成的反射使店内的客人看上去更加美丽。我希望所有的客人都能够识别出自己的“无意识障碍”，并感觉自己是“唯一的”——一切只为你的感觉。

公司：KAMITOPEN Architecture
-Design Office
设计师 ：Masahiro yoshida
摄影师：Keisuke Miyamoto
客户：Tipa Co.,Ltd. Manabu konno
国家或地区：日本

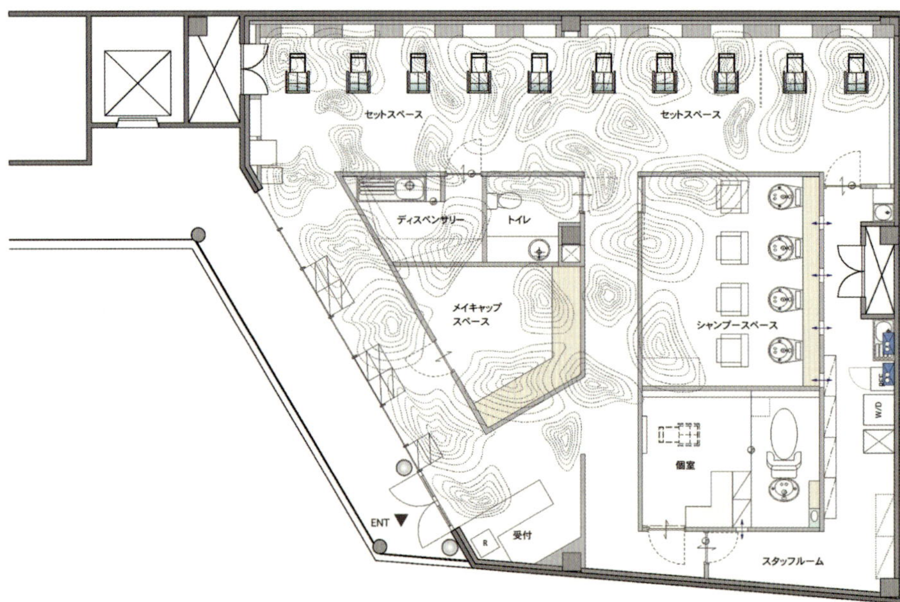

Moomoo Architects

理发购物一体店

客人的最初要求是为这个商店空间增加一个 salon 区域，该 salon 在理发美容的同时还有另一个功能，就是做为由著名波兰设计师举办的，展览年轻设计师设计的优秀服装的空间。在幕墙的后面隐藏着一个试衣室，形象地把销售区域与梳妆区域分隔开。倾斜的墙壁被水平切割成两块，形成一个展示护发产品的开放式展示架。高大细长的镜柱在服务于客人与设计师的同时，里面还是一个多功能储藏室。多角度反射让整个空间从多方面展示，为理发提供了一个好玩而创新的环境。商店的门口处设置了大量的等候区，沿着窗口开放。

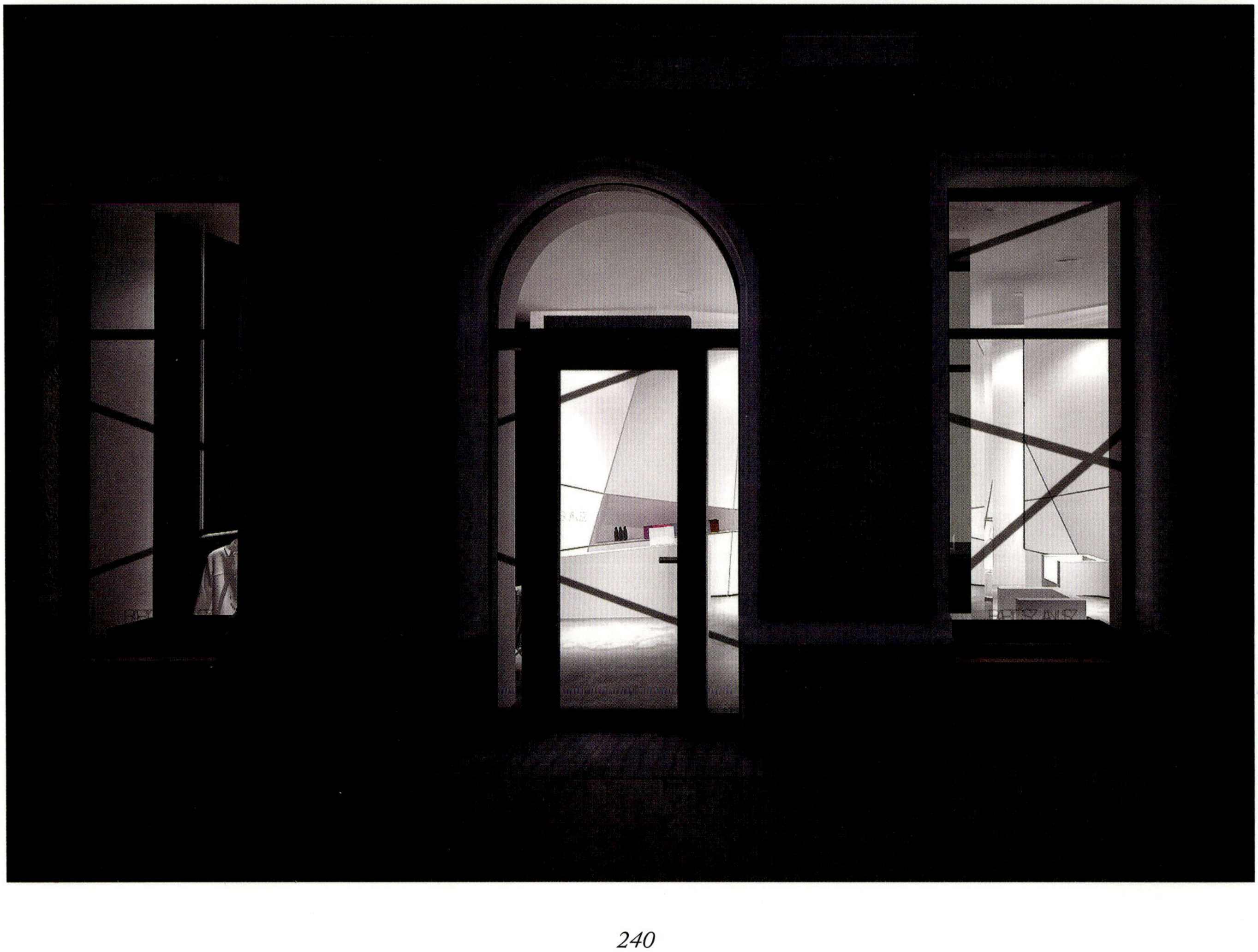

公司：Moomoo

国家或地区：波兰

BARTOSZ JANUSZ

Cure Salon Monsieur

美容休闲店

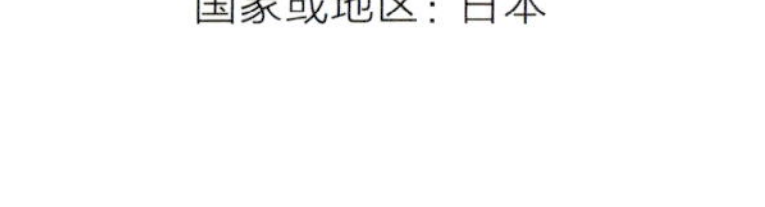

公司：Upsetters Architects
摄影师：Yusuke Wakabayashi
国家或地区：日本

这是一间美容院与咖啡厅的综合体，商店前有一个狭窄的空地。

商店的位置在一条小巷里，离商业街不远。由于它很窄很深，因此日本人称之为“unagino-nedoko”（鳗鱼之床）。

客人希望它成为一个休息场所，因此我们利用所在位置的深度，以及夹在两栋建筑之间的地理环境创造一个让人感受灯光的室内空间。

我们把整座建筑分为 3 个部分，每一个部分都有轻微的变化，并且对每一部分应用了不同的材料以及轮流交替的屋顶，使人从远处就能感觉到它的存在。

此外，我们将商店的门口设在一边，以使顾客在门前就能感受到里面发生什么事，促使人们窥视屋内的欲望。

用于理发的区域位于商店的中间，有两面外墙作为其内墙。而且它正对着店内小型的花园，顾客通过镜子可以欣赏到花园的风景。总之，他们犹如在户外享受理发的过程一样。

La Guardia Salon

豪华理发店

公司：Z-A studio

国家或地区：美国

观察自己的感觉以及别人为你提供服务成为这间商店设计的理念基础。这间 Salon 的所有组成部分根据它们的周长进行划分，以你对别人看法的框架为焦点。Salon 的其他区域包括等候区、接待处、理发区、意式咖啡吧及休息室，都融入在有划分功能的红色框架中，从而形成间隙空间，吸引人们注意。

Bartek Janusz Hairdresser

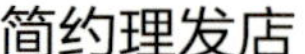

简约理发店

这间店的设计理念是以简约为基础，该理念来源于头发自由下落所形成的锯齿状与多角度，这在任何一间繁忙的 Salon 的地板上都可以看到。这一惊人的地板布置现在已被应用到整个室内设计当中，从而创造一个有活力、充满生气的空间。

公司：Moomoo Architects
设计师：Moomoo Architects / Jakub Majewski, Lukasz Pastuszka
摄影师：Malgorzata Pstragowska
客户：Bartek Janusz
国家或地区：波兰

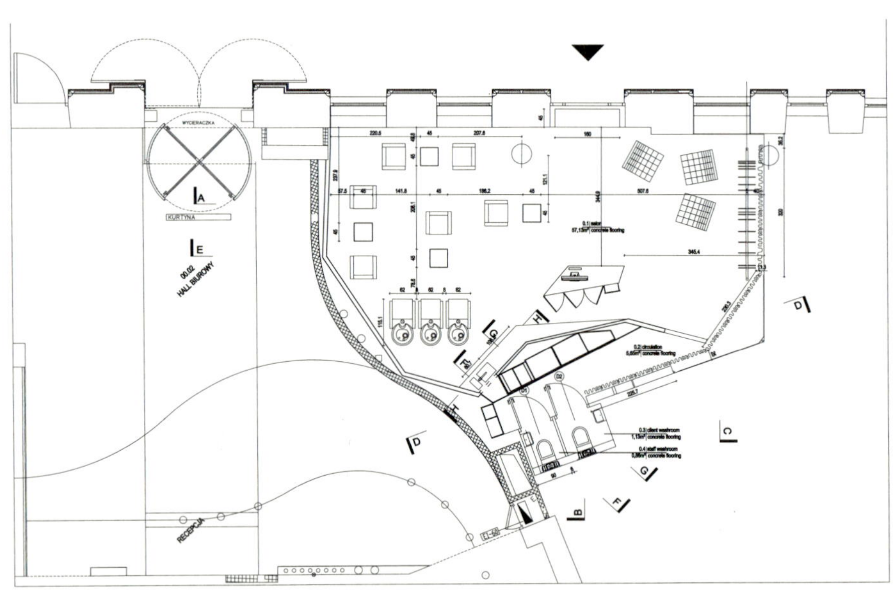

医药店

Pharmacy At La Puebla 15

药品专营店

这一项目包含了客人与商品之间的关系与交流的新需求，脱离传统的直销公式，创造一个药物与客人处于同一水平的环境。药店的内部与外部由第一层过滤器连接在一起，中断处形成药店的橱窗，作为视觉交流的空间，增加了药店外观的密度与特异性。并且，把它们之间的空隙做成磁铁吸引路过的客人注意。第二层过滤器用于展示销售商品，在划分公开与私人两个区域的同时也增加了它们之间的关系。店内的灯光有序地照亮整个空间，使其变得更有深度。

公司：BUJ+COLON Arquitectos
摄影师：Luis Díaz Díaz
客户：Pharmacy "La Puebla 15"
国家或地区：西班牙

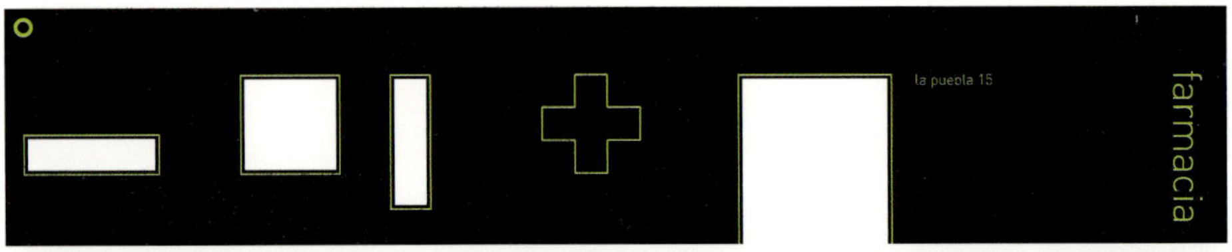

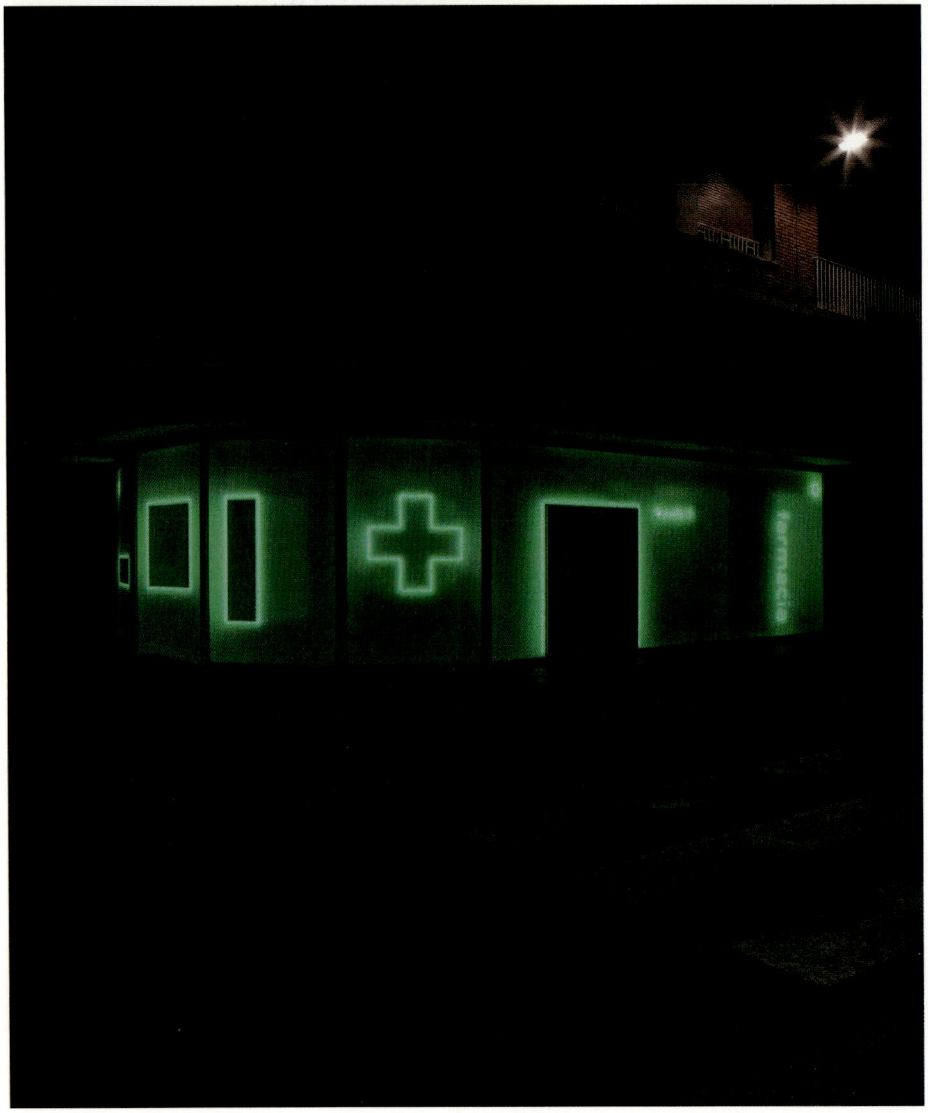

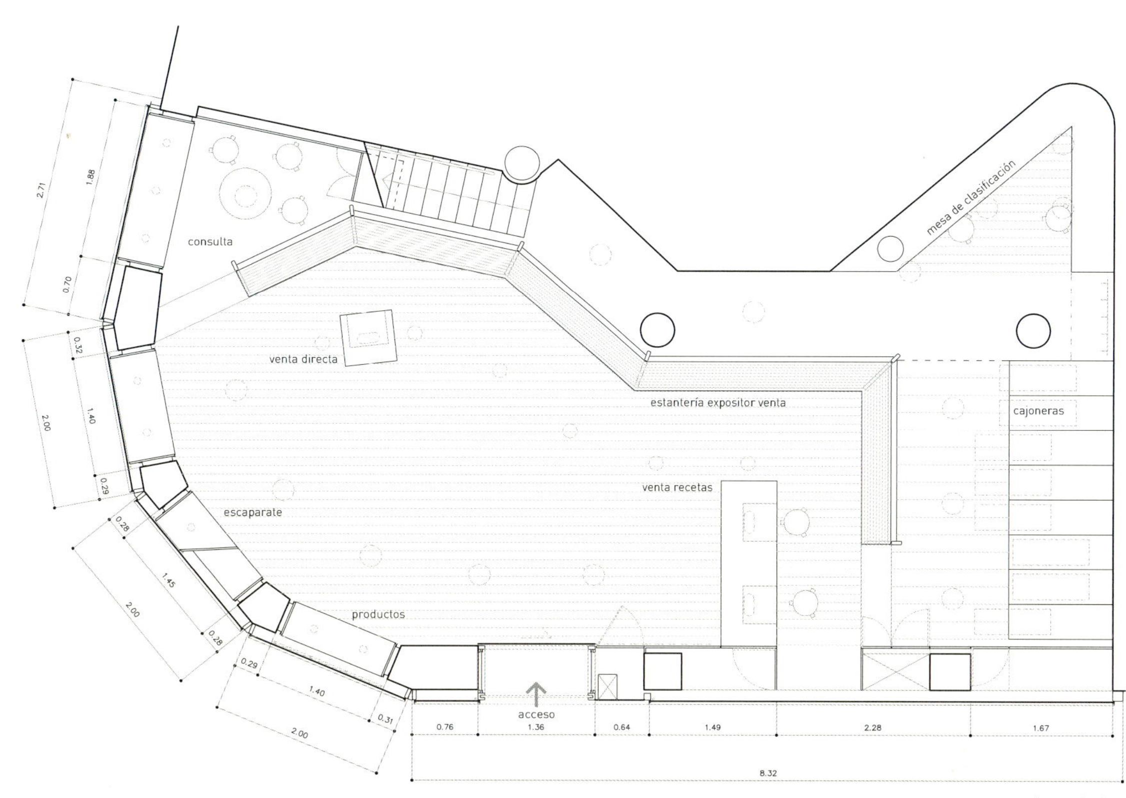
consulta
venta directa
mesa de clasificación
estantería expositor venta
cajoneras
venta recetas
escaparate
productos
acceso
2.71
1.88
0.70
0.32
2.00
1.40
0.29
0.28
1.45
2.00
0.28
0.29
1.40
0.31
2.00
0.76
1.36
0.64
1.49
2.28
1.67
8.32

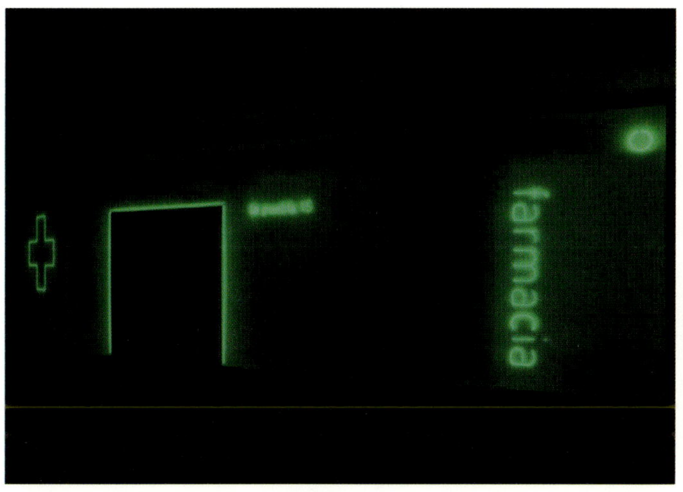
farmacia

De Lairesse Apotheek
药品、图书一体店

公司：Concrete Architectural Associates
摄影师：Concrete Architectural Associates
客户：Mevr. Marjan Terpstra
国家或地区：荷兰

地板：
圆形的地板上铺上印有树叶的纸张，上面覆盖着一层透明的合成树脂。
墙壁：
墙壁部分有一个巨大的圆形陈列柜，陈列柜由 522 块绿色的有机玻璃构成。其他部分的墙壁则是用水泥做成，刷成白色。
天花板：
圆形空间，透明的白色延伸天花板。商店后面的工作空间是一个灰泥天花板。圆形空间以外的天花板空间用白色的夹板做成，成为大型圆形陈列柜的一部分。
灯光：
在圆形空间里面，即陈列柜里面，白色透明的天花板用做灯具的光带槽，里面有 72 个绿色的灯管。绿色的灯光反射在白色的墙壁上，与绿色透明的有机玻璃相呼应。工作空间里的灯光设备由 3 个大型照射灯组成。药店入口处和“图书馆”的灯光是迷你的照射灯。
入口：
信息墙，白色的夹板与 180 块不锈钢形成一个摆放小册子的书架。
圆形空间：
包括圆形陈列柜（分为 36 块）、白色夹板边缘、522 块有机玻璃及上述提到的灯管。合成凝土的钢架悬浮在钢梁上（藏于树后）。
图书馆：
书架：白色夹板。
桌子：涂上绿色油漆的夹板。

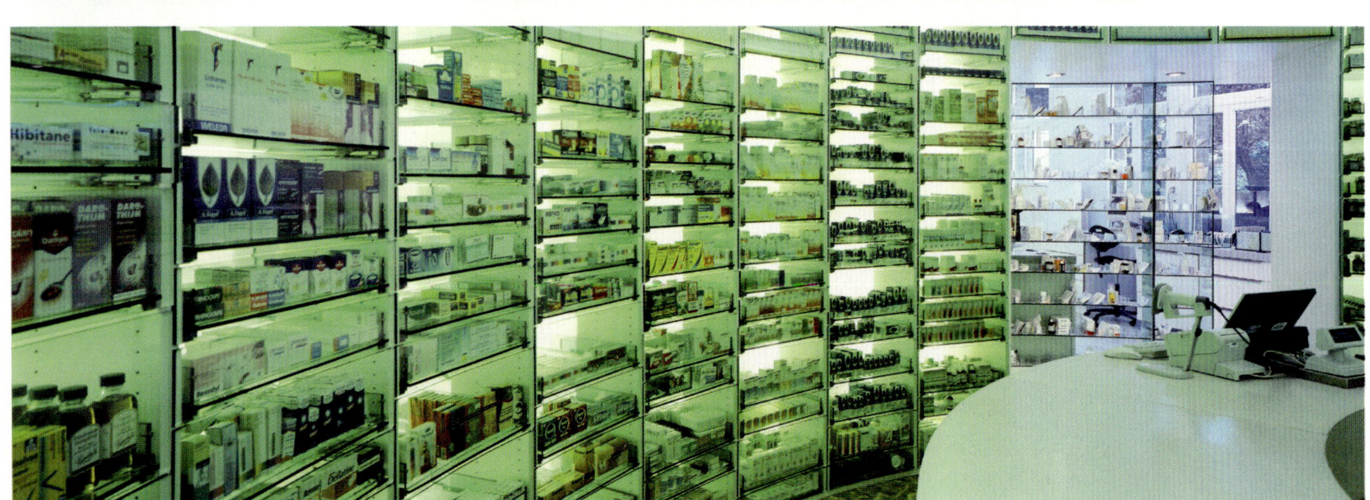

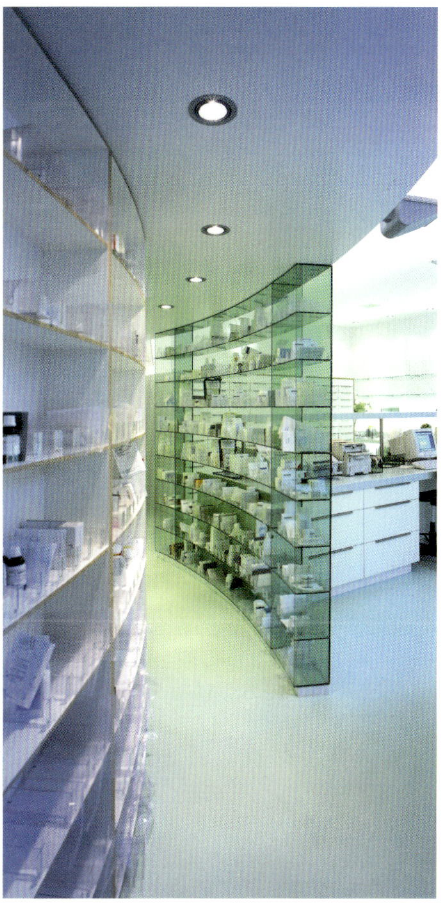

Linden Apotheke Ludwigsburg
旧式药店

Linden Apotheke 是路德维希堡的一间旧式药店，其专门经营自然疗法产品以及天然化妆品，迎合了竞争日益激烈的药店市场。翻新后的药店强调与巩固了它的定位。药店的主要焦点是通过强烈有趣的方式，在空间中形成有形的交流，而不是创造一个肤浅促销的风格。我们的任务是要在收银台与自助服务区的后面创造一个展示商品的架子区域。Ippolito fleitz 团队负责改造商店的室内设计，修改企业形象设计，以及为它的重新开业设计一个特别的赠品。

当你走进商店门口，第一时间看到的是一个简洁、天花板很高的房间，在里面你会看到一个精心设计的空间。连续的架子与房间的圆角设计更能说明这一点。他们在商品展示区域上安置了一个干净的背景，前后都有灯光照射。空间的一个焦点是创造一个新的销售柜台，连接到中央的圆柱上，随意地延伸到两边。通过墙壁到天花板的圆形过渡更进一步地强调出房间的统一性。坚硬的鹅卵石地板体现了经典的巴洛克风格，与其他的现代室内设计形成鲜明的对比。

3 个旋转式陈列架位于商店的中间，为展示与强调季节性产品提供了一个特别的区域。

干净的轮廓与单一的颜色运用到商店的设计上，让顾客首先注意到的是宽阔的主题天花，天花板是由 11 朵草药所勾画的壁画构成的，这一设计与设计师 Monica Trenkler 合作完成。采用经典的颜色用现代的方式展示传统的图案，天花板的这一设计成为了药店的新象征——无论在空间上还是交流上。

时尚清晰的设计在另一方面建立了专业，精密与能力之间的联系。目的是创造一个迷人而乐观的氛围，让人们对生病的忧虑感瞬间消失。同时，另一种快乐源于天然化妆品与天然疗法对身体与精神的帮助，这与天花板上的草药图案相呼应，使其在成为店内主视觉的同时也强调出药店的定位，以使他们的产品口碑传遍全世界。

设计师：Peter Ippolito,Gunter Fleitz, Sascha Kipferling,Tim Lessmann, Fabian Greiner,Axel Knapp, Sarah MeBelken

摄影师：Zooey Braun

客户：Linden Apotheke

国家或地区：德国

LINDEN APOTHEKE
LUDWIGSBURG

LINDEN APOTHEKE
LUDWIGSBURG

LINDEN APOTHEKE
LUDWIGSBURG

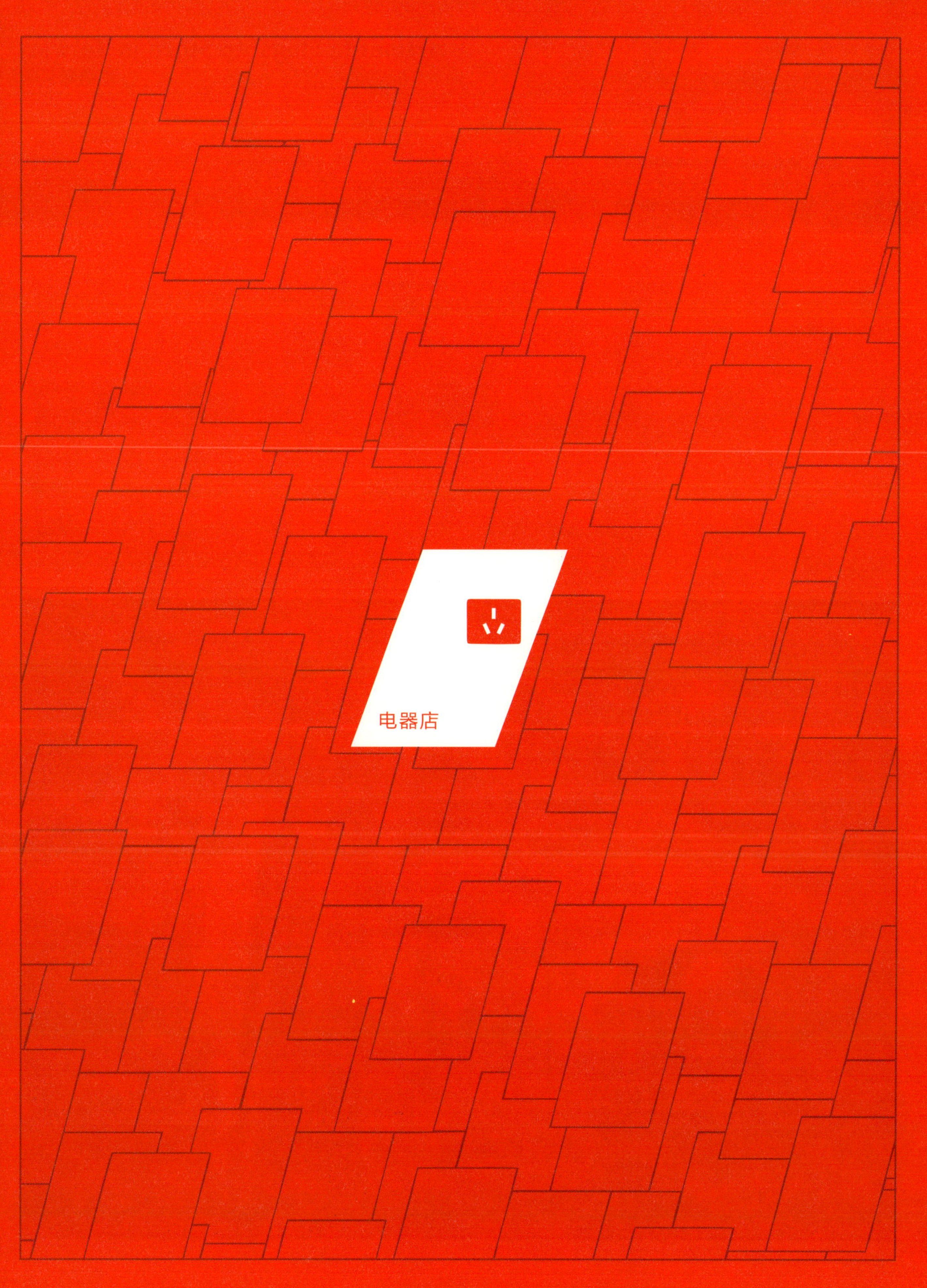
电器店

Artemide Flagship Store in Taiwan

电器专营店

Crox International Co., Ltd. 的总监 Tsung-Jen Lin 根据 Artemide"人造光"这一理论，认为灯光是身体快乐与精神舒缓的一个来源，完美地装饰了 Artemide 在中国台北的第一间旗舰店，是一间除了销售商品以外还销售情感的商店。

对于 Tsung-Jen Li 来说，灯光不仅仅用于照明空间，它还蕴含着温暖与关怀的感觉。根据亮度与希望这一理念，商店展示了阳光突破云朵、重见光明的情景，营造出在黑暗中为人们带来光芒的氛围。

两边的落地玻璃窗与完全开放的商店呈现出一种欢迎光临的氛围，怂恿经过的人们进入商店。飘浮的云状天花板从商店外表延伸到人行道上，模糊了店内与店外的分界线。精心布置的商品展示形成了一种视觉错乱，让小小的店铺看上去像一个大型的空间。天花板上蓝色的 LED 灯增加了云朵天花的戏剧性，特别是在晚上更有效果。迷人的反射与曲线的形式使这间商店从附近的商店里脱颖而出。

公司：Crox International Co., Ltd.

创意总监：Tsung-Jen Lin, Director of CROX International Co., Ltd.

设计师：Zhuo-Wei Zou, Wei-Zhe Cai, Kuan Yu Chen

客户：Bravo Casa Co., Ltd.

国家或地区：中国台湾

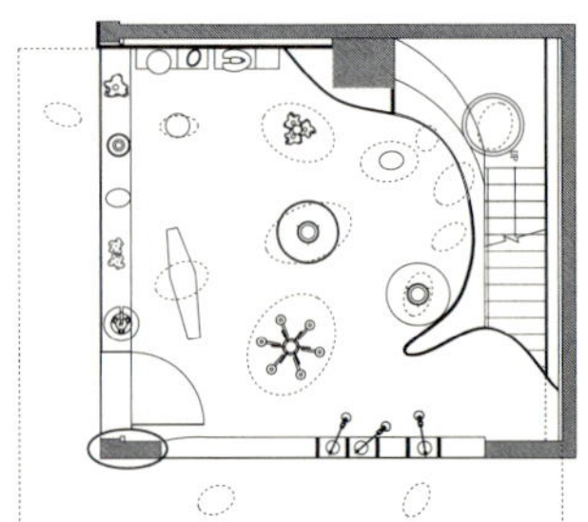

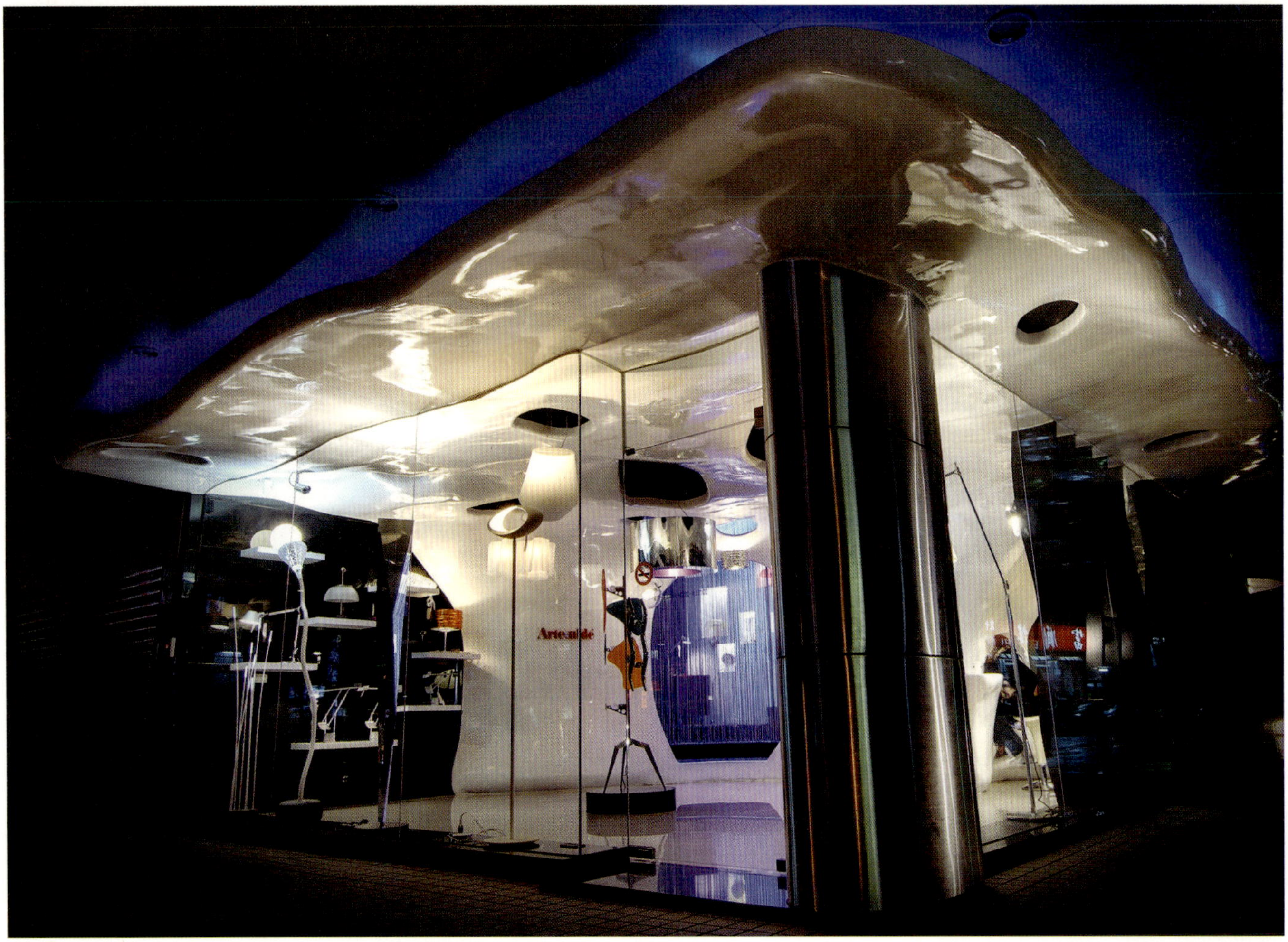

Coodoo Apple Product Reseller
电子产品旗舰店

苹果公司一直致力于将最佳的电子产品使用体验带给全世界。
所以，在为苹果公司在中国的优质级经销商之一——深圳 Coodoo（酷动）数码有限公司设计深圳华强北的苹果全线产品体验旗舰店的时候，我们要让消费者感受到与苹果产品相匹配的购物体验。
科技 / 精练 / 环保低耗 / 功能主义。
整个店面最重要的是人流的导向与多样的功能区间规划及光线的呈现。并选择简洁、统一与性价比较高的品质感的材质，如人造白色晶石、乳白色户外乳胶漆 、喷涂少量白色漆面的加拿大欧松板，部分道具采用钢琴烤漆。

公司：Hallucinate Interior Design Co., Ltd.
创意总监：Leo Wang
设计师：Leo Wang
摄影师：Hallucinate
客户：Coodoo
国家或地区：中国

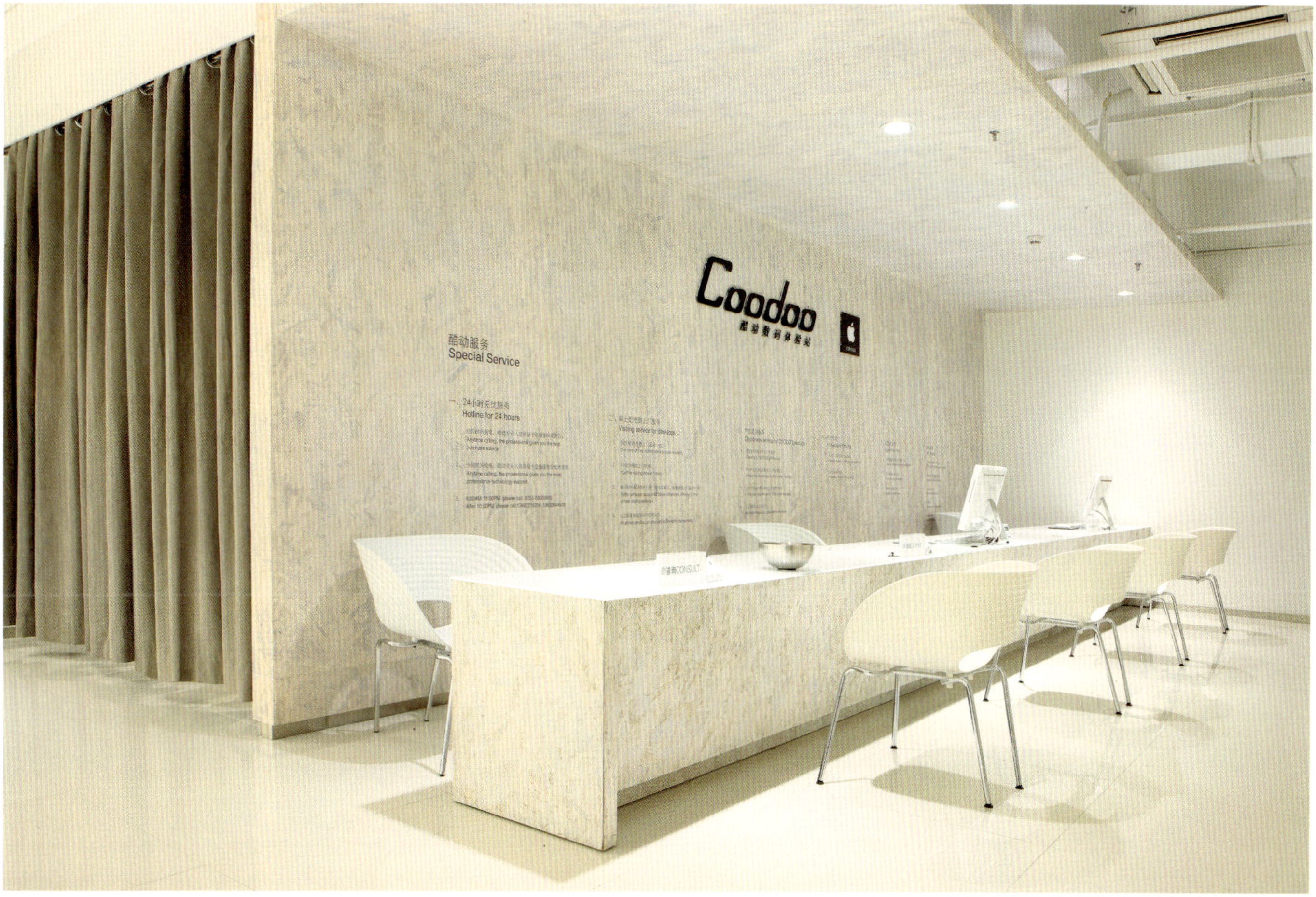
Coodoo
酷动服务
Special Service
Hotline for 24 hours

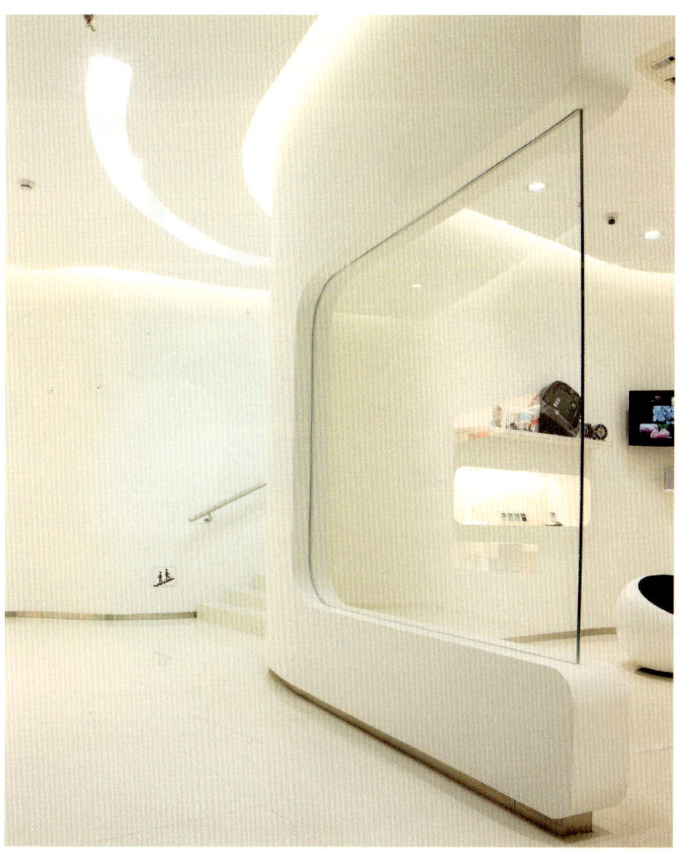

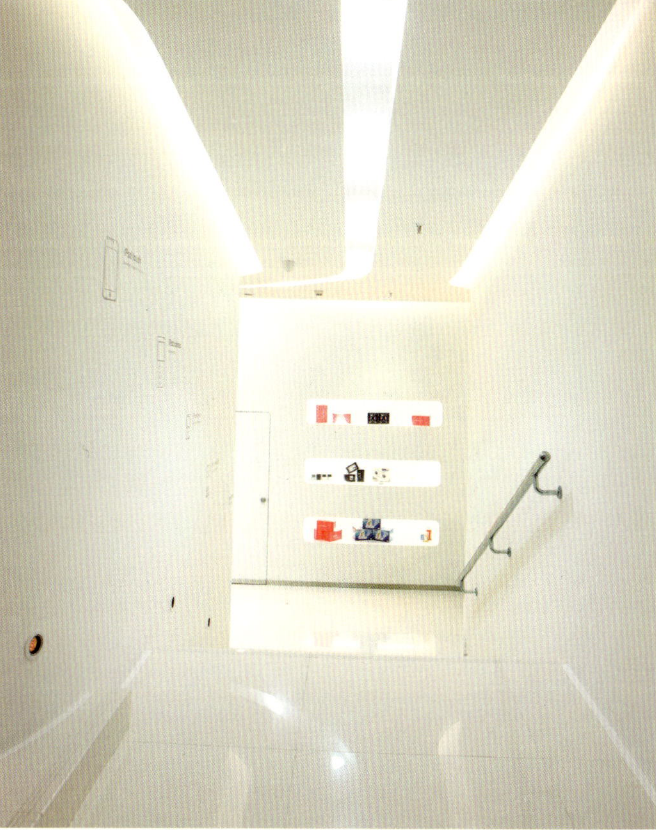

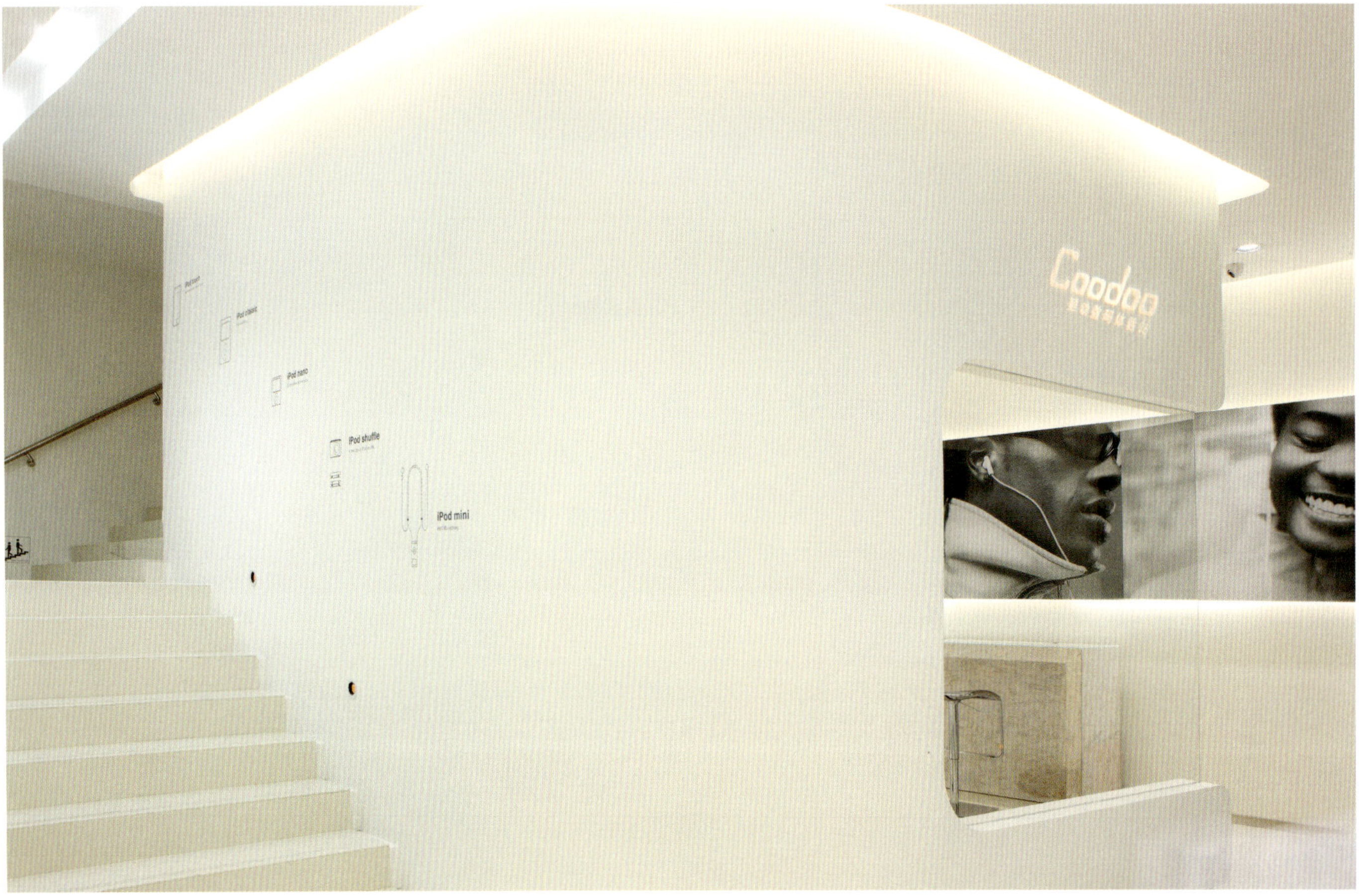
Coodoo
iPod nano
iPod shuffle
iPod mini

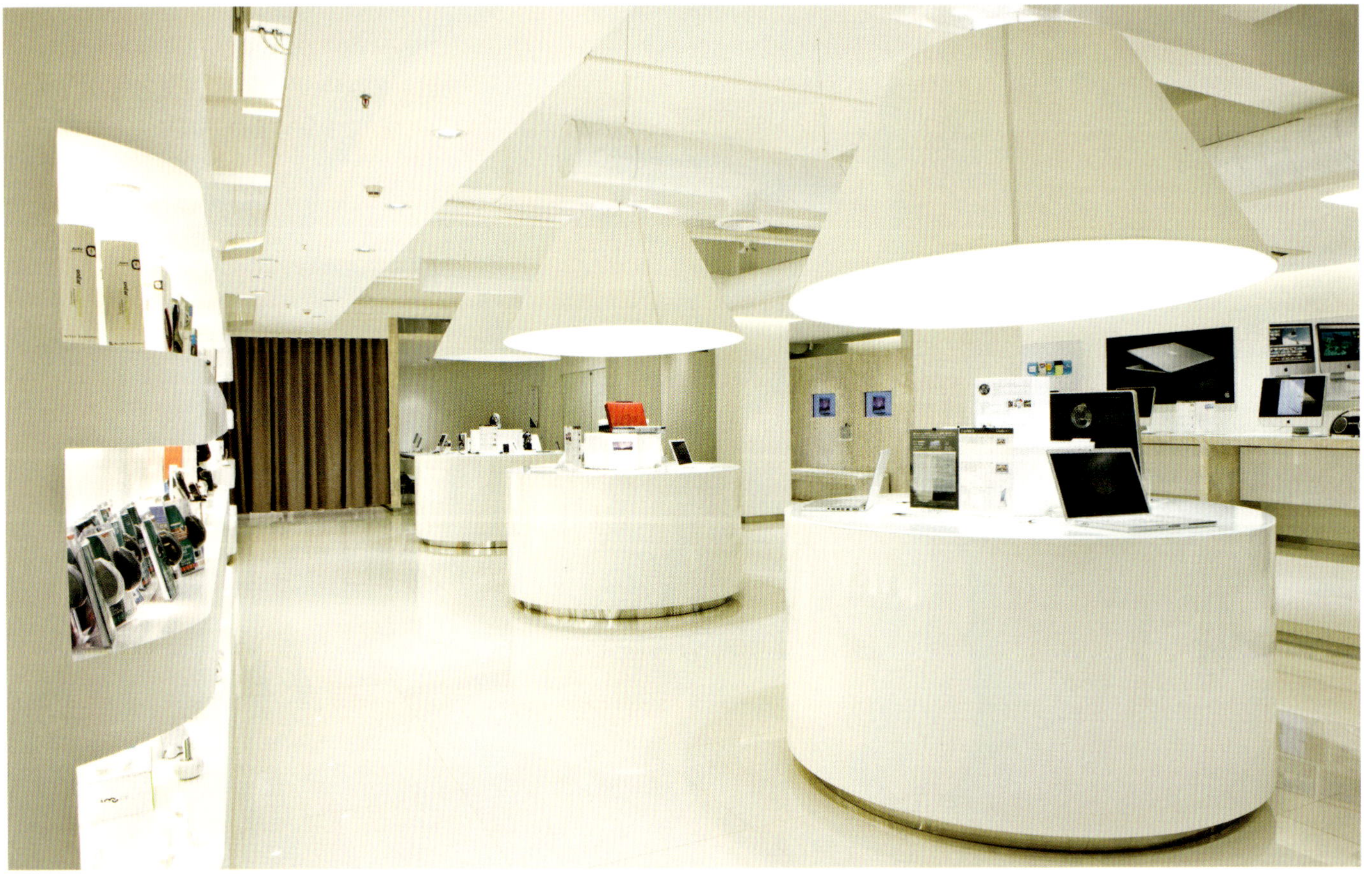

餐饮店

Poco A Poco

烹饪概念餐馆

Inly 设计了一件名为“Poco A Poco”的烹饪概念餐馆，位于日本大阪的 Minami-senba。该项目受到了多方面的限制，包括预算、面积小的老式房屋及其完成时限。

我们必须了解这些局限并克服困难，使其立场发生根本上的变化。

为了克服这些困难，我们首先还原了它本来的结构再重新使用。接着在餐馆的顶部搭建结构胶合板，然后收集一系列的盘子将它们设计成一个菜单板。42 只不同大小的圆形盘子挂在墙壁上，能激发起一种兴奋的感觉，引起人们的共鸣，从而通过这一效果吸引经过店面的路人。

公司：Inly
设计师：Takahiro Fujii (inly products)
摄影师：Seiryo Studio
客户：Moai Co.,Ltd.
国家或地区：日本

cucina
italiano

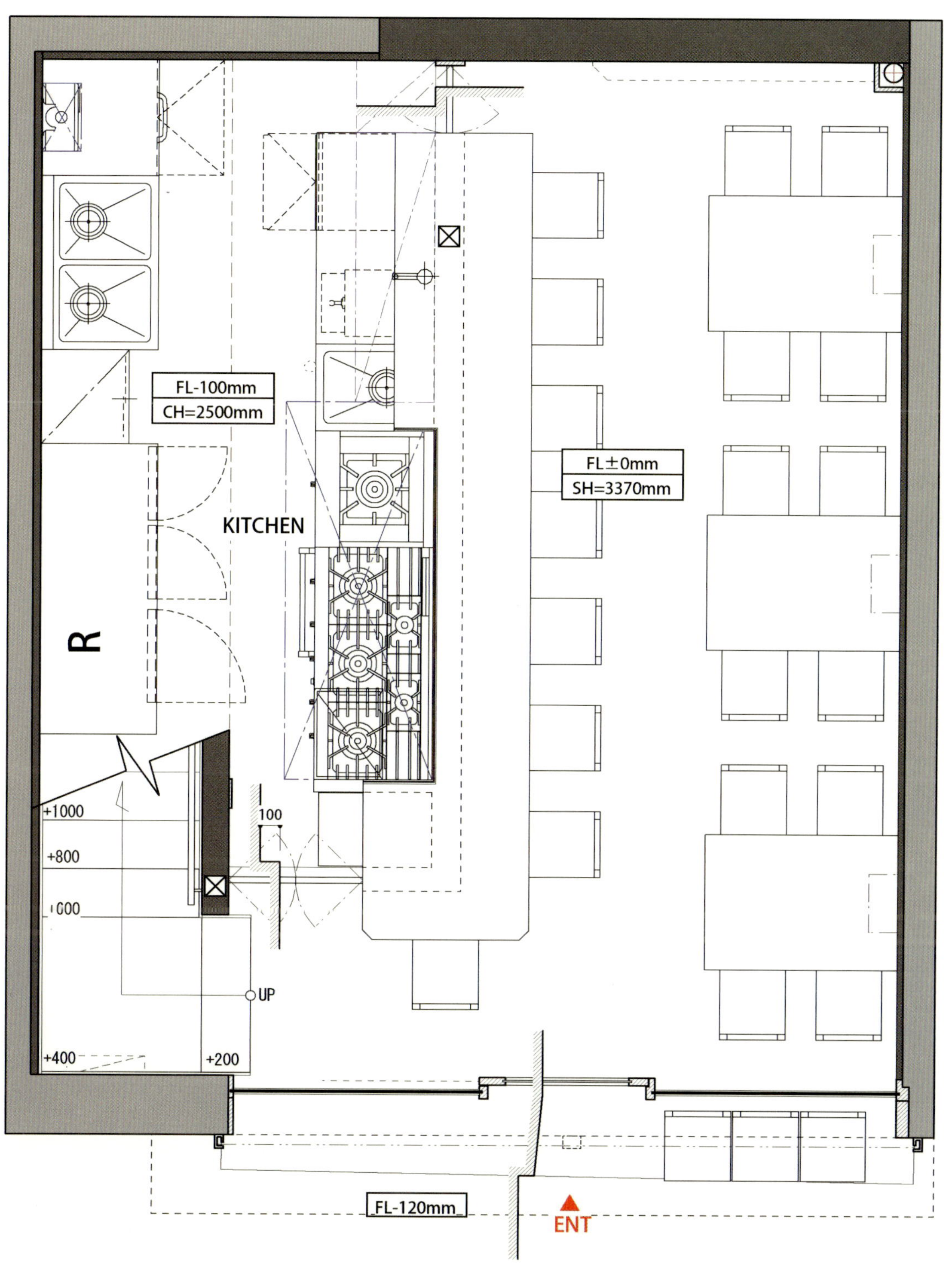

FL-100mm
CH=2500mm
FL±0mm
SH=3370mm
KITCHEN
R
+1000
100
+800
+600
UP
+400
+200
FL-120mm
ENT

Olivomare Restaurant

熟食店

Olivino 是一间熟食店，与新开的餐馆 Olivomare 形成互补，紫色的店面以及有品位的室内设计吸引了不少顾客。

在相当小的空间里，如果只考虑顾客的归属感，那么这间商店将受到 40 平方米小空间的局限。商店的左边是入口，由一条无框架玻璃隔板楼梯通往地下室的仓库，与边缘的墙壁相连接，墙壁上有黑白两层厚厚的不透明层压塑料，塑料层上面用不同方向的瓶子与玻璃装饰，突出了商店的主销产品，如红酒。

在商店的另一边是一个吊架，根据几何迷宫的组合挂在墙壁的表面，使直线型灯管能够嵌入其中，同时也可把预先装好的商品展示在吊架上，因为要先把储藏在定制冷藏柜里不耐放的食物销售出去。冷藏柜的下面是白色的大理石，上面是玻璃的橱柜。橱柜上装有可移动的展示托盘以及用厚实的非洲红豆树木板做成的工作台，三面呈正方形，第四面及其边缘像未加工的木材一样粗糙。最后一个元素与传统的干酪店有关，它的“切菜板”造型以及天然的外表与店内其他寒冷垂直的物质达到平衡。

耐用的不锈钢柜台、背景灯及架子，加上浅紫色的树脂地板（不同寻常的颜色暗指红酒斑），与以上所描述的特征形成互补。

公司：Pierluigi PIU – Architetto
创意总监：Pierluigi PIU
设计师：Pierluigi PIU
摄影师：Giorgio DETTORI and Pierluigi PIU
客户：Olivo Restaurants and Shop
国家或地区：意大利

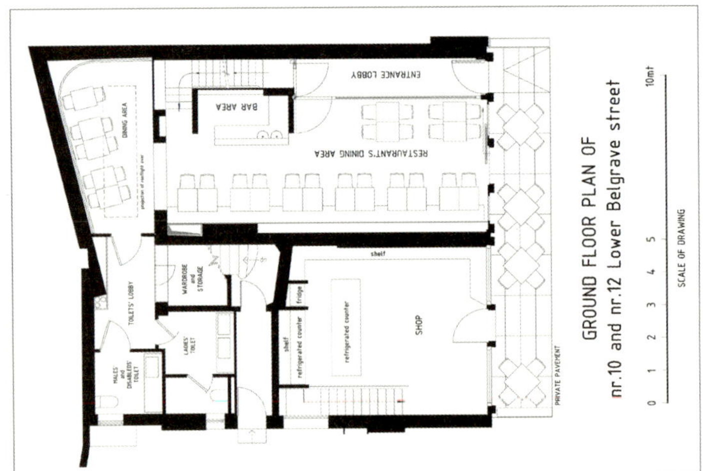

olivomare
olivomare

Giacomo
快餐店

餐饮部的理念是根据时装界盛行的规则形成的，除了特别强烈的品牌识别之外，真实与感性是最主要的元素。Giacomo 美食快餐店的理念是不与自己相矛盾，力争满足人们对质量与情感的渴望。在这个世界上，时间是最奢侈的东西，而工作与休闲时间越来越多混合在一起，因此为客人提供一个快速适当的服务非常重要。但是 Giacomo 的快餐不等于要吃得快而是煮得快，而专业。

所有这些价值观都必须反映到设计上。如何才能做到呢？ Giacomo 利用流动的亚洲建筑形状与现代元素相结合，根据自己的大小比例来展现国际设计语言。这些灯光与自由流动的形状几千年前就已经出现在亚洲住宅建筑上，其中，交流与团体的感觉是最基本的元素。餐厅的门口是典型中国庭院的环形大门。Giacomo 里一个接一个的流动空间用精心准备的灯光照射着，通过微弱的灯光衬托出看似飘浮的墙壁，为商业午餐营造出一种迷人而随和的环境。店内所有的成品与颜色都与企业形象相一致，始终保持着高品质的品牌识别。特选的金色阴影求其典型品牌元素的重点运用使整个空间看上去更加协调。Giacomo 的天花板部分以米娜风格为基础，通过好玩的方式整合在一起延伸到整个设计上。整个设计形成冷热、粗糙与光滑的对比。尽管使用材料看上去很轻盈，但是整个设计都是用最新的材料和技术完成的，每一个功能设计都能保证快餐有一个流畅的工作流程。

公司：Plajer & Franz Studio
摄影师：Ken Schluchtmann
客户：Giacomo Natural Gmbh
国家或地区：德国

GIACOMO

GIACOMO

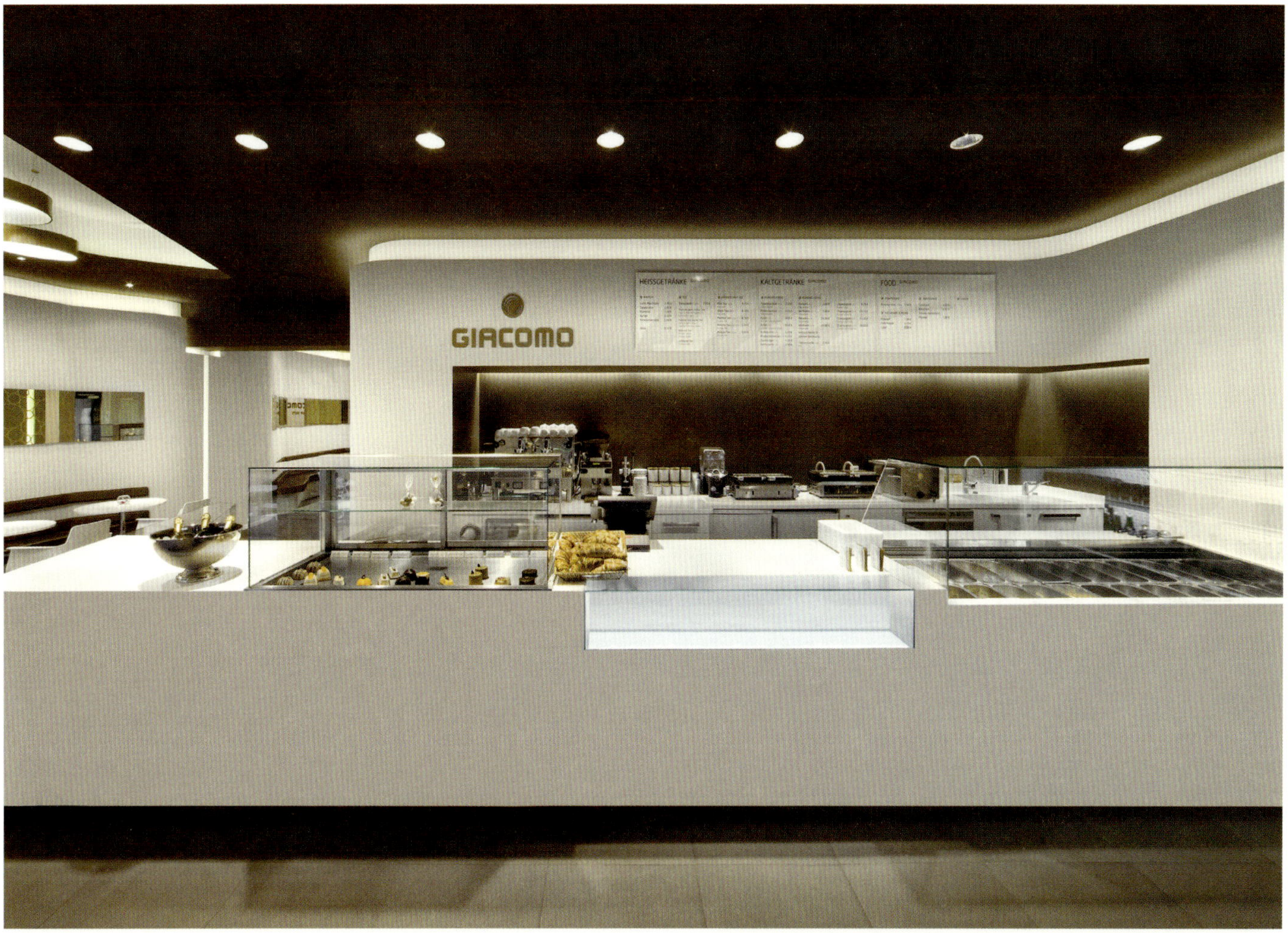

Barbie Café

餐饮旗舰店

公司：Slade Architecture
摄影师：Iwan Baan
客户：Mattel
国家或地区：美国

Slade 建筑设计了 Barbie 在中国上海的旗舰店 6 楼的 Barbie Cafe 与 B-Bar，将其特别的环境氛围延伸到整间旗舰店当中。

Barbie Cafe 为客人提供美味的午餐与迷人的晚餐。而性感的 B-Bar 则是以 Barbie 挖空岩石的图标为基础的黑色酒吧，一直营业到凌晨两点，提供的菜单以特制的鸡尾酒 BarbieTinis 与 Malibu Barbies 为主要特色。

为了迎合不同年龄与不同氛围，Slade 选择了简单突出的：黑色、白色及粉红衬托窗帘。Slade 特制的人字形瓷砖图案铺于地板上以及墙上，使人想起 1959 年 Barbie 初次在纽约玩具交易会登台时穿的人形图案泳装。

店内的家具设备也是由 Slade 设计的，包括印有古怪剪影的丙烯酸椅子，有的是中国风格，有的是欧洲风格，有的是现代国际风格。

桌脚是剪纸图案的剪影，用经典的旋转木材做成，延续了 2D 剪影与 3D 桌子的玩法。通过平面图形去表现一些现实细节，可以让 Barbie 店与 Barbie 里的配件形成一个有趣的影射。参照第一个 Barbie，Slade 构想了一个圆形阵列的碟子，采用了 Barbie 公仔经典的黑白裙子的颜色。

Hansang Korean Reataurant
日本餐厅

走进 Tomo Izakaya，你会感觉好像身处日本。这是一间不折不扣的日本餐厅，位于克拉码头。从超凡的天花灯到餐室里私密的靠垫与榻榻米，每一个配件都会成为你视觉的享受。特色墙上的铆接元素兼任杂志架以及餐桌两用，用内置的灯泡照亮。高雅的露天用餐区与私密的室内用餐区形成互补，使 Tomo Izakaya 成为一个典范的展示设计。

公司：ONG&ONG Pte Ltd
摄影师：See Chee Keong
客户：Hansang Korean Charcoal Grill
国家或地区：新加坡

祭

Bella Italia Weine

红酒店

Bella Italia 既是一间红酒店也是一间餐厅，其业主是一个典型的热情的西西里岛妇女。

这间店主要销售她祖国的产品以及为客人提供高档的、创新的、家乡特色的料理，并向德国传达出意大利的精神。Bella Italia Weine 是一间经营多年的小餐馆，是一个充满家庭气息的地方。为了扩展销售区域，同时增加餐厅座位，她决定把餐厅搬迁到新的地方。

新的餐厅位于斯图加特西部，是一个住宅区以及创意工作办公区，它在一 Wilhelmina 风格的独立式住所的底层。

我们的目标是在保持餐厅周围熟悉氛围的同时，突出其红酒店的特色。店内的特色主要分为两个元素：第一元素是把在旧货店拍卖中找到的 90 多块形状大小不同的镜子装在天花板上；第二个元素是房中房。房内有大大的椭圆形桌子、大大的圆形镜子、毛毯及一串挂在天花板上的吊灯，犹如一个舒适的起居室。3 个大型的架子用于推广产品。并且把该餐厅重新命名为“Bella Italia Weine”，以使整个企业形象设计更加完整。

公司：Ippolito fleitz group
设计师：Ippolito fleitz group
摄影师：Zooey Braun
客户：Bella Italia Weine
国家或地区：德国

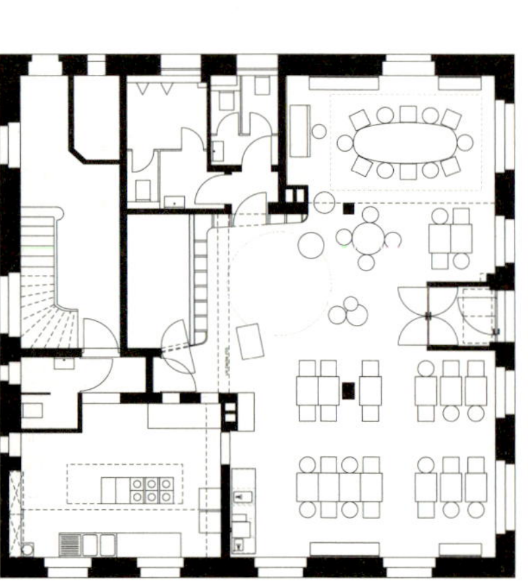

Heute
CARPACCIO
DI TONNO
STROZZAPRETI
CON
RAGU CARNE
TAGLIATA
SU
RUCOLA
AL
BALSAMICO
CIOCCOLATO
FONDENTE

The House Café Kanyon

连锁咖啡店

The House Café 连锁咖啡店的最新分店位于Kanyon商场内，该店融合了商场原始的建筑、The House Café 的品牌形象及Atutoban的设计方案。店内的结构由钢材与玻璃构成，把整间咖啡厅包装成一个透明的盒子，通过精细的规划与设计，使其与山谷般的商店建筑结构相符合。核桃木的内部装修为咖啡厅增加了一丝温暖，咖啡厅的外部结构将其强烈的设计识别与周围的环境结合在一起。

公司：Autoban
设计师：Seyhan Ozdemir, Sefer Caglar
摄影师：George Mitchell
客户：The House Café
国家或地区：土耳其

208 Due Cento Otto

现代意大利餐厅

这是 Autoban 的第一个海外项目，即位于中国香港上环的 208 Duecento Otto 餐厅。这次的设计灵感来源于 208 周围的区域以及纽约式的意大利菜单，目的是把正宗的意大利料理带进中国香港。在餐厅环境中，艺术与设计占主导地位，营造了一种新鲜的波西米亚精神。突出的乡村钢铁外观加上两张 Autoban 最新设计的鸟巢椅子欢迎客人光临。两层的餐厅最多可容纳 90 人，在首层的酒吧以及最多可容纳 18 人的餐厅里有一条室内楼梯带领客人到二楼的餐厅。蓝白色的瓷砖用于装饰室内的墙壁，营造出一种中国的氛围，同时皮制的酒吧高脚凳表达出一种纯朴而现代的感觉，犹如纽约人的夜生活一样。西方的纽约人、意大利风格及东方的中国氛围相结合为客人提供了一种独一无二的体验。Autoban 自然真实的风格贯穿于整间餐厅，应用于铁柱、大理石桌面、立体的核桃木（Autoban 常用的标志性材料）、地板及天花板上。这次设计，使其从之前的肉类储藏仓库成为如今引人注目的现代意大利餐厅。

公司：Autoban
设计师：Seyhan Ozdemir, Sefer Caglar
摄影师：George Mitchell
客户：Yenn Wong
国家或地区：土耳其

Mini Bar

公司：Concrete Architectural Assosiates

设计师：Concrete Architectural Assosiates

摄影师：Ewout Huibers

客户：Brewster Dubois-Reymond Macdonald B.V.

国家或地区：荷兰

Mini Bar 是由 3 个荷兰朋友创办的，他们想寻求一种与众不同的喝东西放松心情的环境。即不用排队，不用想方设法地叫酒保或被忽视，而是根据自己的喜好选择并调制饮料的迷你酒吧。于是我们把这一想法应用到实际当中。

在 Mini Bar 里，你会被一个接待员接待，登记之后会得到一把属于自己的 Mini Bar 钥匙。里面有啤酒吧、香槟吧或者什么饮料都有的常规吧，让你可以重新调制它，大量地调合或者尝试一两种外国啤酒。每一个吧都有饮料及其价钱清单，如果你有些饿，里面还有美味的坚果、寿司或者咖喱饭等供你选择。

在与朋友畅饮或者阅读桌上的杂志渡过一段美好时光之后，你可以在接待处结账离开。

这栋建筑位于阿姆斯特丹的王子运河，在 20 世纪 60 年代是一个繁忙的木材工厂。根据历史记载的图片把 60 年代的外观重新改造，利用 4 米高的木制与玻璃嵌板使其保持一种开放的特质。为了保留空间与历史的开放感，同时当门折叠打开的时候不受天气影响，在建筑的里面我们设计了一个 1.5 米深的玻璃外观，在外观与门之间是一个小型的吸烟区，以便吸烟的客人在派对进行中能够在酒吧外面吸烟。在吸烟区里为吸烟者提供了一个新潮的经过翻新的 60 年代的香烟贩卖机。

为了在 Mini Bar 的中央营造一种高贵豪华的感觉，基本颜色与材料的采用形成一种干净时髦的对比。店内的材料由一系列优质材料构成。定制的不锈钢，皮制与橡木家具和温暖的颜色结合在一起，更加增加了时尚与原始的对比，同时也强调了 Mini Bar 的理念。

在 Mini Bar，你会体验到原生态与奢华的对比。在混凝土地板与墙壁的接待处进行登记，之后你会得到自己的Mini Bar钥匙，享受橡木地板、不锈钢冰箱及皮制沙发等带来的奢华体验。另外，数位投影的墙纸增加了酒吧的活力，形成了一个卡通墙壁千变万化的世界。

每一个 3 层的不锈钢冰箱里包含了 15 个 Mini Bar，每一个都有自己的号码、门锁及不同彩色编码的透明门。暖色系的冰箱滤光镜与 18 盏金色的吊灯结合在一起，木地板与木桌子为酒吧的中央区域提供了一种温暖的氛围。

concrete

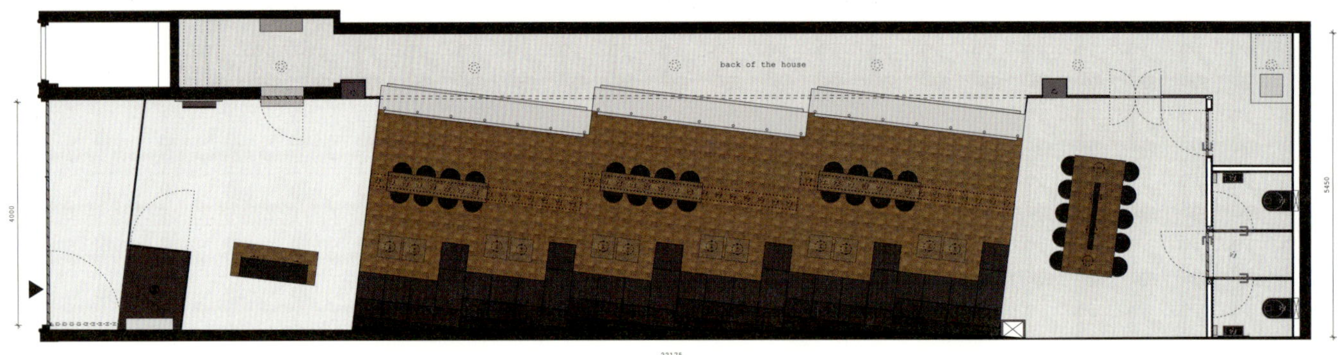

concrete architectural associates bv
rozengracht 133 III
1016 lv amsterdam
the netherlands

concrete reinforced
oudezijds achterburgwal 145
1012 dg amsterdam
the netherlands

t. +31(0)20 5 200 200
f. +31(0)20 5 200 201
info@concreteamsterdam.nl
www.concreteamsterdam.nl

alle maten in het werk te controleren
alle rechten voorbehouden
conform DNR 2005

datum: maart 2009
getekend door: charlotte van mill
contactpersoon: charlotte van mill

minibar
plattegrond

12
13
15

mini
BAR

Nautilus Project
优雅餐厅

设计师：Yuhkichi Kawai
客户：AC2 International pte. ltd.
国家或地区：新加坡

Nautilus Project 位于新加坡新开的 ION 购物中心的四楼。有利的地理位置给其带来了很多好处，无论是销售、饮料还是食物。

除此以外，餐厅入口的侧面与另一边的生蚝吧相接，展示美味的甜品以及新鲜、冰冻的甲壳类食品。

设计的主要理念、厨师、设计及地理位置都是由餐厅经理确定的，这导致了我们难以进行自己理想的室内设计。然而，餐厅的业主是货运公司的董事长，她的美丽让我决定用这个餐厅项目体现其成熟、优雅及温柔的特质。

我们没有为餐厅设计外观，而是设计了一个过道作为入口，使客人能够轻易地毫不犹豫地进入餐厅。从餐厅入口到中间都是卷曲的内部，以突出整条过道，这为路人一个亲切的欢迎方式，让人一眼看到就能知道这是什么类型的餐厅，同时定下餐厅的基调。

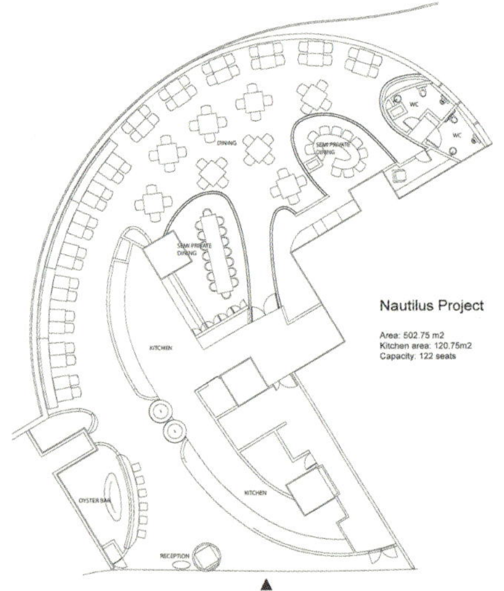

AG Cafe
画廊咖啡厅

公司：Kidosaki Architects Studio
创意总监：Hirotaka Kidosaki
设计师：Hirotaka Kidsaki
摄影师：45g Photography Junji Kojima
国家或地区：日本

AG Cafe 是一个画廊咖啡厅，旨在提供一个感受艺术培养艺术家的地方，位于名古屋中心的 Osu 商业街。

咖啡厅的业主要求我们在咖啡厅附近设计一个享受艺术的空间，用日常生活照装饰，而不是脱离日常生活的无生机区域，同时要求使咖啡厅生动活泼的氛围与画廊庄严高贵的氛围和谐统一。

整个空间由咖啡厅设计以及温暖的色调构成，并且通过比例与细节的坚持提高了画廊必需的“品质”。我们设计了抽象的鸟巢图案置于店的四周，营造出一种温暖的感觉。这一图案成为整个框架的一部分，也表达了业主的愿望：艺术家将会在这里被教育，然后振翅飞到更广阔的舞台。

这一图案用 NC 最小半径为 5 毫米的路由器切割而成，形成一个美丽的细节。同时我们选用了图案熟悉的家具与设备形成乘数效应。我们为每一部分制作了多个模板，努力创造出“品质”。商业街那边用玻璃装饰，以使人们能够通过它看到咖啡厅的内部，因此当艺术家在咖啡厅内展示作品的时候，经过商业街的人自然能够被艺术家的作品所吸引。我们希望许许多多的艺术家能够在这里振翅高飞。

AG cafe
ART GALLERY & CAFE

C's Fort
熟食咖啡吧

C's Fort 是一间熟食咖啡吧，为赶时间的客人提供与众不同的菜肴。
店内的“影子”随着时间的改变而改变，因此我以“影子设计”为主题贯穿整个室内设计。
首先，树枝与钢筋布满整个天花板，用做电力管道。
接着，天花灯上的椭圆形片材形成阴影，展现出叶子的形状。
通过白天与晚上的调光形成更深的阴影，让客人犹如走进一片森林的深处，人造影子会让顾客自然地产生一种浮动时间的体验。

公司：KAMITOPEN Architecture-Design Office
设计师：KAMITOPEN Architecture-Design Office Masahiro yoshida
摄影师：Keisuke Miyamoto
客户：C-Service Co.,Ltd.
国家或地区：日本

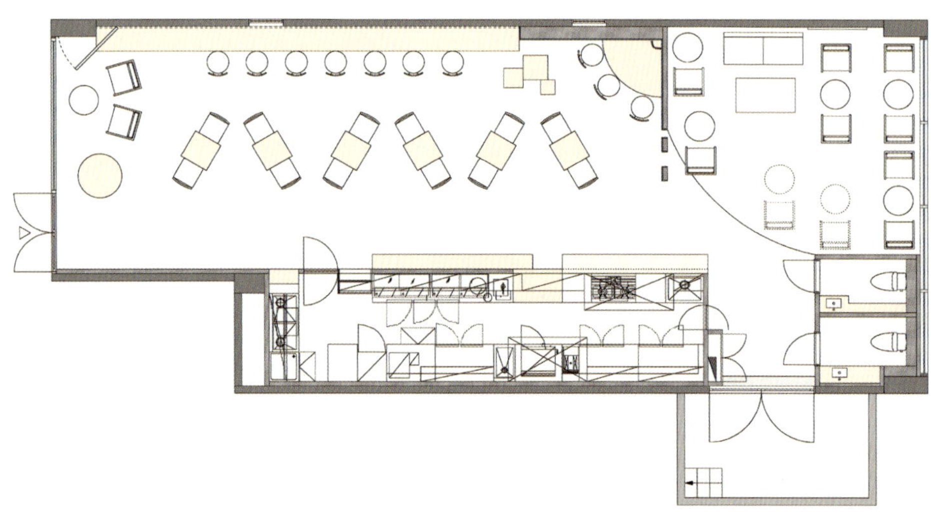

Mazzo Amsterdam
长廊餐厅

这是一座典型的阿姆斯特丹建筑，窄而深的空间融合了不同层次的地板与天花板，自动为餐厅提供一种天然的定位。

餐厅的第一部分位于玫瑰运河上，有一个 5 米高的天花板，正对外面。

在酒吧的区域，顾客可以在高高的吧台上喝速溶浓咖啡或一些饮料。

GUBI 的 Bestlite 系列灯光设备为这个空间创造出一种亲切感。9 米长沙发上的壁灯以及悬挂在酒吧上方的吊灯与不同大小的吧台（加小与加大）营造出一种客厅的氛围。

餐厅的第二部分明显比较低，但也比其他区域宽两倍。整个建筑最阴暗的部分作为厨房。餐厅的桌位区与厨房相对，里面是简单灵活的小食店桌子。桌子可根据人数把双人桌变成 8 人桌，每一张桌子都能够看到厨房内的厨师。5 盏 MOOOI 的 Dear Ingo 灯舒适地照亮整个座位区。独立的桌子上布置了新潮的吊灯，给人以一种舒适亲切的灯光。4 幅不同年代的人像图画展现出意大利家庭的感觉，使客人在用餐的过程中感受家庭的温暖。餐厅里的会议室可用于家庭聚会或商业会议。在厨房隔壁是一间有电视机与壁炉的舒适房间，供有偏好隐私的客人使用。

第三部分在 Bloemstraat 的东部。瘦窄的建筑创造出一个小型的密室，白天小朋友可在家长的看管下在里面玩耍。晚上里面的玩具会被藏在橱柜里，用黑白相间的窗帘遮住。客人可以在长达 11 米的长沙发上休息，享受一杯红酒或进行一次美好的交谈。Bestlite 的壁灯也采用了 GUBI 的灯具，以营造出一种在家的感觉。

空间的多样性与自然的餐厅布局需要一个连接的元素：大型的木制橱柜穿越整个餐厅，连接了空间里的各个区域，同时把它们组织在一起。橱柜用立体的松木做成，用于储藏与展示产品，同时也是通往阁楼的楼梯、分配食物的柜台、会议室与餐厅的分界线，以及进入休息室与储藏玩具的通道。

店内的 5 种材料决定了纯朴城市的室内设计氛围，分别是抹面混凝土、切损的砌砖、石头、松木以及原钢。前 3 种材料用于建筑的外形，新的材料是钢铁与木材。

橱柜上的窗框以及餐厅前门的阁楼完全用原钢组成。横梁与圆柱用钢铁做成，地板用未经加工的金属板覆盖着。使用可靠简单的材料不仅不会分散客人的注意，并且强调了餐厅以食物为焦点的事实。

包含了建筑历史以及餐厅名字 Mazzo 的标志设计是最有争议的部分。餐厅名字的 5 个字母由原钢构成，加上经典的娱乐灯光，让人联想到夜总会时期的 Mazzo。字母的灯光挂在酒吧上方，大家可通过一闪而过的汽车或自行车注意到。

公司：Concrete Architectural Associates

设计师：Concrete Architectural Associates

摄影师：Ewout Huibers

国家或地区：荷兰

FIOR di RISO
Sanbittèr
SAPORI
FIORINO
GRANO DURO
PIZZA

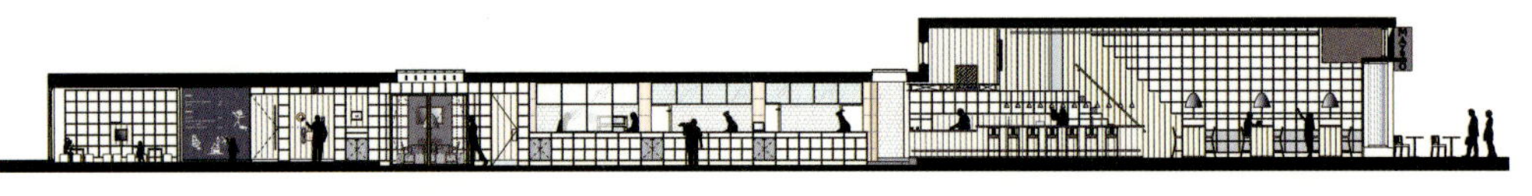

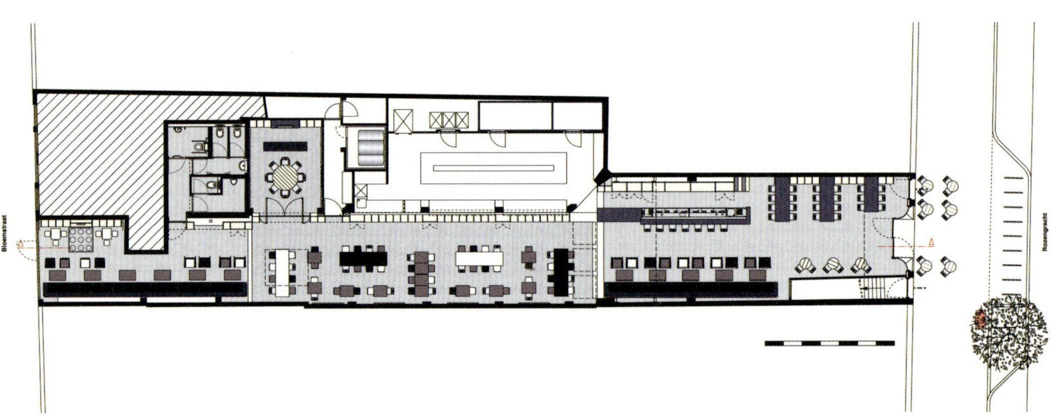
Bloemstraat
Rozengracht

MAZZO

MAZZO
114

Wienerwald – Interior Concept For Restaurants

连锁餐厅

公司：Ippolito Fleitz Group - Identity Architects
摄影师：Zooey Braun
客户：Wienerwald Franchise GmbH
国家或地区：德国

Friedrich Jahn 的目标是在公司悠久历史的基础上，利用品牌的优势开发它们烹饪理念的独特性。我们的工作室被委托为它们之前在慕尼黑开的两间分店设计一个新的连锁企业建筑。

新的室内设计强调品牌的重组，把连锁店优质、舒适及德国料理的传统优势转化为设计的特色。店内采用的材料与颜色反映了新鲜自然的原则，木材、皮革、纺织品及与白色相搭配的主色调“绿色”恰当地诠释出这一理念。强调色“金色”让人联想起 Wienerwald 优质松脆的主打商品——金黄色的烤鸡。

为了能够很好地引导顾客，店内的空间结构以及供应座位给顾客选择对一间自助式餐厅而言非常重要。当顾客走进餐厅时会被引导至位于餐厅正门的柜台，柜台呈现出清晰而统一的结构。柜台的上面悬挂着餐厅的菜单板，展示着所有出售中的食物。一个镶在销售区域墙后的灯光壁龛展示了精选的沙拉以及令人垂涎的烤鸡。店内的墙壁覆盖着一层无烟煤马赛克，精确地嵌入到无框架的不锈钢单元里，从而强调出高标准的产品。后墙中央绿色的霓虹灯箭头指向厨房——炸鸡及做菜肴的地方。

点餐与付款的地方在白色大理石柜台的末端。柜台的中间是制作沙拉、分配烤鸡、添加饮料的地方。顾客点餐之后就在此等待，整个制作过程都在顾客的监督下进行。在付款处旁边的墙上陈列了一个存放饮料与甜点的冰箱。与柜台融为一体的通风设备使餐厅保持清新无油烟的环境。在服务柜台前面是一个由大理石做成的服务桌，专门为顾客提供酱汁、调味品及餐具。服务桌的桌脚是用金色的鸡脚做成的，以期待的姿态朝向餐厅的入口。绿色的指示箭头与 Wienerwald 的小鸡刻画在纯朴的木板上，为顾客展示如何在店内行走以及点餐。

餐饮区根据不同的需求设置了一系列座椅供顾客选择。白色大理石吧台只有在闲暇时对顾客开放，吧台由尖细的圆柱形单脚架支撑着，这让人回想起传统的旋转台。延伸的长座位装上了褐色的人造皮软垫，与传统的 Wienerwald 座椅、壁龛相呼应。在 Wienerwald 里，顾客会被这个维也纳森林餐厅所吸引。餐厅的后墙引用了森林的主题，覆盖了一层木板。墙上的圆镜印有树木与森林的图案。不同大小的吊灯根据不同的高度悬挂在餐桌上。吊灯外面裹着 3 层不同颜色的绿色粗布，营造出一种令人愉悦的氛围。一边的墙上是深浅绿色森林图案的墙纸以及贴上透明胶片的窗户。当人们从餐厅外面经过时，能透过镜子与玻璃的反射看到多方位的餐厅以及餐厅内部元素的重叠，以使整个品牌餐厅成为一个真正完整的森林体验。

墙壁上餐盘的摆设用于体现 Wienerwald 公司的传统，通过盘子上的 14 个图案追忆 Wienerwald 品牌的历史。为了歌颂品牌的创始人 Friedrich Jahn，在餐厅里展示了第一间 Wienerwald 餐厅的照片。新的餐厅设计使 Wienerwald 被重新定位为一间当代的快餐连锁店，品牌的传统元素被通过大胆刺激的方式融入并转化为现代空间元素。

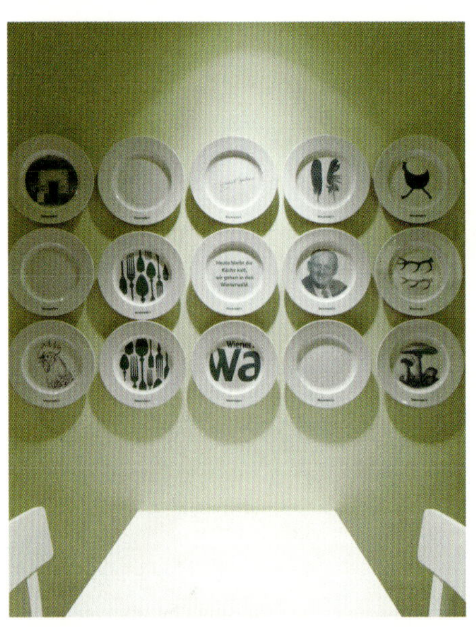

bestellen!

索引

Alberto Apostoli

Alberto Apostoli 于 1968 年出生于维罗那。1993 年他毕业于威尼斯的电子工业学校，并获得了建筑学学位。在 1997 年，他开设了 Apostoli & Associati 工作室，进行各种各样的专业设计，这为其开辟了道路。2006 年，他的第一次个人展览在布鲁塞尔的欧洲议会总部展开，名为《交流与设计中被污染的建筑》，吸引了欧洲出版界的目光。同年，他在中国广州开设了一个研究所。2007 年，他在卡萨布兰卡开设了一间具有代表性的工作室。2010 年，Apostoli 设计了 SaSHa（桑拿 + 浴盆 + 浴室）按摩浴池。期间，他的作品在世界各地被报道。同时，他还参与了意大利和国外的不同设计领域的会议、课程和工作室。

Autoban

Email: info@autoban212.com

塞翰 · 奥泽德米尔和塞佛 · 卡格拉在 2003 年成立了 Autoban，这是一间在室内设计、建筑和产品开发领域上运作的工作室。Autoban 的总部设在伊斯坦布尔的加拉太区，因为标志性的建筑物塔而得名，因为这座庞大喧闹的城市而得到灵感。而其他方面元素中的一切对比、矛盾和共生都是 Autoban 项目和作品中的标志。Autoban 工作室现位于加拉太的邻近城市杜乃尔里面的一座十九世纪的建筑里。

Architecture EAT

Email: office@eatas.com.au

Architecture EAT 成立于 2000 年，以为澳洲墨尔本建筑和室内设计做出重大贡献而闻名。2006 年，其重新设计了企业形象。EAT 坚持建立自己独特的品牌并继续为客户提供有创意和专业的服务，有着超过 20 年的设计经验，他们的建筑师和室内设计师团队先后完成了本土和海外的大量作品，证明了其完美展现作品的能力和高效率。我们相信，建筑必须来自直接经验。该设计理念基于建筑材料本身及其触觉经验；它们在触觉、听觉、视觉、重量、光泽上的特性，以及和光影相互影响。EAT 在工作中逻辑严谨，步骤明确。了解每一个项目的内在特质，其设计经过思考发展成有形的存在并切合客户的需求。这个理念同时包括了“丰富生活”，而这也适用于餐厅、酒店、住宅、研究所或者办公室。EAT 重视环境和人口统计资料，以达到与地方和所在地的最大交流，但最后，结果必须集中在强大的设计美学和不随时间而变的经验上。

Antonio Gardoni Studio

Email: info@antoniogardoni.com

Antonio Gardoni 是一位有着国际文化背景的建筑设计师，他是商业和设计表现的创新者。他与 Ron Arad 合作，共同创办了 Jump 工作室，专长于工业和产品设计。

Buj+Colón Arquitectos

Email: estudio@buj-colon.com

建筑师 Raquel Buj García（Palencia）和 Pedro Colón de（Gijón）是从马德里建筑学院毕业的学生，2002 年开始从事城市发展、景观、建筑和设计的工作。他们的作品曾在多个国家展出，如美国、中国、俄罗斯、日本、韩国、匈牙利、德国、英国、意大利、法国和西班牙等。

Concrete

Email: info@concreteamsterdam.nl

Concrete 在商业和理论上有着自己独特而完整的观念。项目从室内设计发展到城市开发，从一座大厦的外部结构到它的内部装饰。Concrete 把视野扩展至平面设计，并且为客户考虑在市场上如何展现它的形象，这都是从“唯一的观念”哲学中衍生出来的。Concrete 的设计师为客户创造了整体的规划，他们所设计的每一样东西都是为了整体的形象系统着想的，这就是他们的巨大优势所在。Concrete 由两个公司组成：Concrete architectural associates 和 Concrete reinforced。Concrete 团队由大约 30 个专业设计师组成，他们来自于不同领域，包括视觉市场营销、室内设计师、产品设计师和建筑师。

Chrystalline Artchitect

Email: admin@chrystallineartchitect.com

人们说他们是黑白分明的专家，因为他们为客户提供了超乎想象的解决方法。实际上，他们只是专注的去做他们擅长的事情——建筑设计。他们把这个过程称为“chrystallization”。

CASE-REAL

Email: futatsumata@casereal.com

CASE-REAL 一个是以 Koichi Futatsumata 为中心，位于日本的设计梦工厂。公司规划了各种设计，例如空间设计、建筑、家具和产品等。

Checkland Kindleysides

Email: claire@checklandkindleysides.com

Checkland Kindleysides 成立于 1979 年，是英国最大的设计咨询公司。他们所涉及的设计领域非常宽，包括平面设计、通信设计、品牌形象设计、室内设计和交互设计。他们和当地以及全球的品牌合作，客户包括 Timberland、Levi' s、Sony Playstation、Boots、British Heart Foundation、Royal Bank of Scotland、Henri-Lloyd、George at Asda、Hammersons、Procter and Gamble、Ruby & Millie 和 WGSN。

Christian Ghion

Email : ghion@christianghion.com

1958：克里斯蒂安出生。

1986：开始在学校教书。

1987：和派里克 · 纳迪欧一起创办了工作室。

1990：获得了“Grand Prix de la Creation de la Ville de Paris”。

1999：在 Neotu 画馆进行了首次个人展览“从里到外”，在几星期后，XO 编辑了这个展览。

2005：由 Cappellini、Sawaya et Moroni、Dria de.Designs Chantal Thomass' boutique、boutique、Jean-Charles de Castelbajac's concept store 和 Pierre Gagnaire's “restaurant elementaire”进行编辑。

2006：被文化事务部长授予“Ordre des Chevaliers des Arts et des Lettres”奖章。

2008：设计了皮埃尔 · 加尼耶在东京和迪拜的餐馆。

2010：设计了用碳纤制作的“部长桌子“，由 obilier National 生产。

Cyrille Druart

Email: info@cyrilledruart.com

1980 年 5 月 15 号出生于巴黎。

2007 创办了以巴黎为基地的“Cyrille Druart”公司，开始了建筑设计、室内设计、家居设计和产品设计的工作。

在 2008 年 7 月开办了 I-WAY。Cyrille Druart 是设计师、室内建筑师，同时也是摄影师，在每一个领域他都非常杰出。他在一个充满艺术气息的环境中成长，深受母亲的超现实主义影响，并在其作品和想象力中有着明显的表现。他的父亲是一位工业设计师。Cyrille Druart 是一个由心而发的创作者，带着潜在的语言和奇妙的感官努力设计现代、非装饰性的环境。

Chikara Ohno

Email: central@sinato.jp

日本一级注册建筑师，Sinato 的代表总监，于 1976 年出生于日本大阪，1999 年毕业于金泽大学土木工程系。

2004 年 成立 Sinato。

2007 年 NASHOP Lighting 奖，优秀奖

获得 WJCD 设计奖

2008 年 获得 Good Design 奖

JCD 设计奖，新人奖

SDA 大 奖，鼓励奖

获得 Display 设计奖

亚洲设计奖铜奖

群马县农业技术中心射击比赛优秀奖

获得 Good 设计奖

JCD 设计奖，银奖

SDA 大奖，最高奖

展览工业奖，鼓励奖

全年最佳商店设计奖，优秀奖

获得展览设计奖

2010 年 获得 Mie 建筑奖

全年最佳商店设计奖，优秀奖

JCD 设计奖 2010, 金奖

展览设计奖 2010，鼓励奖

Crox International

Email: crox@crox.com.tw

阔和国际有限公司是一个设计公司，从世界闻名的建筑理论家 Rem Koolhaas 及其划时代出版物《S, M, L, XL》得到灵感，它建立在所有的空间设计项目中使用者和环境都必须达到均衡的关系这一理念之上。从大都市的平面规划图、城市风景、室内装饰、展览设计到舞台设计，阔和成功地克服了传统空间定义，并展示了一种不会相互束缚的新传播体验。阔和以中国台北和上海为基础，作为全球最值得信赖的空间设计公司，它致力完成不同地域和级别的项目。阔和的国际专家们有着巨大的能量和超强的洞察力，专心与客户和沟通合作。

Cabinet Braun-Braën

Email: info@cabinetbb.com

Braun-Braen 是一个反叛和打破习俗的人，他形容自己是自学成才的人。他在施工现场学习，发展成为一种显著的风格，称为“组成创造性即兴创作”。与其说是地点，不如说是人、历史和地点的精神激发他去创作每一件不寻常的作品，包括 Billy Kun、Porte、DNA、Club Chasse et Pêche，以及 Pullman。最后一个作品他是合作拥有者，凭借这个作品他获得了 2007 年蒙特利尔创意比赛的评审团大奖。

Dear design

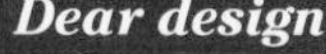

Email: dear@deardesign.net

Dear design and architecture 认为设计是实际和创新的一种平衡。工作室的理念基础是把创意当做一个整体。

Dear 由几个不同学科的专家组成，他们全部都很注重探索和创新，并愿意为客户的项目提供全方位的解决方案，包括品牌形象的设计、概念化和重新改造的空间、工业设计和产品设计等。

Dear 由 Ignasi Llaurado 和 Eric Dufourd 在 2005 年创建。他们在 2003 年认识，很快发现在设计理念和灵感来源上的一致。

他们认为设计位于实用和愉悦之间，即艺术和技术之间并没有界限。

Dastro Retailconcepts

Email: dastro@dastro.nl

Rob Hoogendijk 在 2007 年 创 建 了 Dastro Retailconcepts，它是一个鹿特丹的设计代理公司，其名字清楚地表明了公司的核心业务：商店设计。它的客户包括时装、鞋、香水和珠宝的商店以及药店、眼镜店、汽车店和电信部门等。

DesignSpirits

Email: designspirits@gmail.com

Design Spirits 建立于 1995 年， 是一个充满活力的公司，一直都在为住宅和商业地产提供出类拔萃和创新的室内设计。作为一间快速成长的公司，其承诺为客户提供最高标准的设计。

Dalziel-Pow UK

Email: d.wright@dalziel-pow.co.uk

该公司成立于 1983 年，为客户提供各种各样的设计服务。和客户一起成长，使我们成为品牌的创造者，以及在品牌环境和客户之间沟通的协调人。公司的性质是一间设计咨询公司，唯一的目标是：创造伟大的客户体验。设计是一个不易满足的商业工具，当利用妥当的时候，它能提供的不止是利益，还有可见性、可信性和效率。

在有效设计和金融业绩之间有一个不可忽视的链接，而不论金融业绩的大小。在当今社会，几乎没有把设计作为战略一部分而成功的商业行为。

Eightsixthree

Email: info@eightsixthree.com

八六三是一个以中国香港为基地的设计工作室，其工作和团队有意地跨学科，混杂了新方法来解决旧问题。他们的室内设计师和规划师一起致力于各种项目，大到600,000平方米，小到45平方米。

他们的团队虽小但是非常灵活，能够将恰到好处的灵感有效地体现在每一个作品中。无论是建筑还是室内设计，无论是复杂的建筑制图模型还是透视图，或者是项目管理，它们并没有固定的风格，而是量体裁衣，做出满足客户需要的设计，每一个作品都体现了这一点。

他们由提问、定义和研究客户概要中的功能和技术议题开始这个过程，在全面了解客户的需求之后，才开始着手设计。对于每一个项目，他们都积极与客户进行沟通，最后的设计方案是客户和设计师双方都达到了共识所做的决定。他们欣赏并鼓励客户提出要求，客户在丰富设计师的设计、目标、思考和工作过程中扮演了基本的角色。

Emmanuelle Moureaux

Email: contact@emmanuelle.jp

1971 出生于法国

1995 毕业于波尔多大学的建筑系

1995 获得了法国政府的建筑师毕业证书

1996 搬去东京

2001 开始了自由设计师的职业生涯

2003 获得日本一级建筑师牌照

2003 在东京创建了 Emmanuelle Moureaux Architecture & Design

2009 重新命名 Emmanuelle Moureaux Architecture & Design

日本东北大学艺术与设计系副教授

“东京社会与建筑师”大奖的一员

1994（Spazio Casa 国际设计大赛 米兰）一等奖

2005“最佳装置奖”（设计潮流 / 东京）：新接触

2007：“年度最佳商店设计—优秀奖”：ABC 烹饪 /abc 儿童

2007：“40 Under 40”（中国香港透视杂志）

2008：“年度最佳商店设计—优秀奖”：ABC Ground/CS 设计中心

2008：“第 15 届 CS 设计大奖——评委特别奖”：触摸颜色

Francesco Moncada

Email: mail@francescomoncada.com

Francesco Moncada 在 2004 年于意大利的巴勒莫大学毕业，并获得建筑硕士学位。他曾经在西班牙、英国、葡萄牙、荷兰、挪威和迪拜生活并工作过。他最宝贵的经历来自在伦敦与外国建筑师的合作：巴塞罗那的 Vicente Guallart 和鹿特丹的 OMA/Rem Koolhaas。他的独立作品曾经刊登在 Frame、Interni、 Case d’Abitare、Ottagono、 Perspective Hong Kong、Dezeen 上，以及各种关于室内设计的书籍上。Francesco Moncada 自 2009 年开始即成为了 ONOFFICE Architect 的一员。

Giles Miller

Email: studio@gilesmiller.com

Giles Miller 于 1983 年出生于英国，在拉夫堡大学学习家具设计，并在 2006 年成立了反叛的年轻英国设计师团体。在 Tent London 的伦敦设计节参展后，他的个人作品和团体作品在巴黎的 Maison et Objet、米兰家具展和柏林 DMY 展出，甚至被英国文化委员会带到中国。在自我指导学习和实验一年后，他持续研究带有个人特色的材料——瓦楞纸板。

Giles 不停地开发不同寻常的材料，并在 2009 年夏天于皇家学院毕业时证明了自己广阔的视野和带有实验性的设计。毕业后，他的“Hirsutio”瓶子成为了伦敦 Fumi 画廊的收藏品。现在，他正为意大利品牌 Dovetusai 以及意大利家具巨头 Skitsch 的新店合作设计作品。在 2009 年伦敦设计节中他的第一次个展“Giles Miller 在皇朝”达到了高潮。从毕业开始，他就一直在用个人佣金深入的探讨和扩大表面材料在设计中的应用范围。Giles 在 Hidden Art 的电子商店获得过两次 Hidden Art 大奖的“最佳国际展示”和“最流行产品”，并名列 FX 设计大奖“2009 年度最突出才艺奖”的候选人中，还获得 Homes and Gardens 2007 年度的“经典设计大奖”和 2006 年的“年度新晋设计师奖”。

Gitta Gschwendtner

Email: mail@gittagschwendtner.com

Gitta Gschwendtner 的设计咨询公司包括家具设计、室内设计、展览设计和公共艺术，为艺术、文化和商业客户提供设计服务。该工作室专长于“量体裁衣”的设计，对每一个项目都用心地去研究，因此每一个解决方法都是对项目特别要求的独特回应。设计在他们的心中组织，与其说是做造型，不如说是细心解决问题。

Graft

Email: berlin@graftlab.com

Graft 于 1998 年在洛杉矶建立，2001 年开设了柏林工作室，2005 年 1 月在北京开设了第 3 个工作室。Graft 被认为是建筑、设计和“追求快乐”的标志，其专业经验包括各种类型，有城市规划和设计、市中心、政府、研究所、工业、住宅、展览、医院、商业、文化和产品设计。他们有超过 100 名来自世界各地的专家，在全球设计各种项目。格雷戈尔 · 何黑塞、拉斯 · 克可堡、亚力杭德拉 · 里奥、汤玛士 · 威乐美和沃尔夫拉姆 · 普兹是领导 Graft 的合伙人。因为这些建筑专业的天才和管理员，Graft 拥有资源和专业的技术去执行一个项目，从规划和设计，到交付工程，甲方检查接收。Graft 持续在总体规划和城市设计方面扮演越来越重要的角色。另外，他们的公司与建筑伙伴、工程公司和其他特殊咨询公司保持了一种健康成功的关系。

HUGE Company

Email: info@hugeshanghai.com

HUGE 是一间由 Samuel Tsang 和 Victor Njo 在悉尼和上海创办的国际合伙企业。它将大型商业公司和个性化店风格结合起来，着手创建建筑。HUGE 自有解决问题的一套方法。他们专注于当代都市生活、建筑和室内设计。HUGE 搭建了一个丰富多彩有着各种各样背景的创作平台，该平台不仅包括了建筑，还包括其他内容，甚至创造了电子等，这在上海 JZ 音乐节和 2009 年 NYE 失乐园电子音乐节都大派用场。公司其他的活动包括品牌设计、平面设计（CG）以及产品设计，这些都是 HUGE 融合了整体和侧向发展的设计。HUGE 同时在不断扩大自己的业务范围，例如平面设计、摄影、广告、音乐、录像和艺术等领域。

HEAD Architecture and Design Limited

Email: enquiries@headarchitecture.com

HEAD Architecture and Design 有限公司是由一群建筑师、设计师和项目经理在中国香港成立的，共同目标是追求完美的建筑设计。该设计包括了所有的建筑项目，从开始到确定预算，再到开发摘要、效果图和深入设计，涵盖了建筑和室内设计工程。HEAD Architecture and Design 有限公司的职员都极大程度地涉入到世界各地不同规模和复杂度的项目中，包括欧洲、东南亚、中东、新西兰，以及中国大陆、香港和台湾地区。我们的团队提供了综合的设计服务，从最初的效果图一直到监督和完成项目的场地工作。

Hallucinate

Email: hallucinate@126.com

Hallucinate 室内设计在设计完整形象系统的同时也构建高端的品牌，其主要业务在建筑、室内设计和商业集成方面，为公共环境、商店、俱乐部和办公室等提供系统设计。1993 年 Wang Wenliang 开创了 Hallucinate，该公司为亚洲的商业店铺、总部、公共环境和俱乐部提供各种各样的设计服务。他们的任务和目标是在国际合作平台与欧洲前卫设计工作室的基础上，建立完整的形象系统和高端品牌。

Hallucinate 汇聚了环境设计、建筑设计、平面设计、多媒体设计和通信设计领域的设计师和工程师。现在，该公司专业的服务过程建立在其品牌形象设计、系统设计、规划、项目管理、价格评估和控制价格的不同专业队伍的经验上。Hallucinate 为国内外 100 多个品牌提供了完美的形象设计，如苹果电脑、微软、倍耐力、AIA、中国招商银行、万科、TCL、SKSHU、Exception、Dissona、Embryform、Ellassay、Yinger 等，并且在国际设计竞争中获得了极大的成就，如纽约 ADC 大奖、德国 IF 大奖、日本大阪奖和亚太双年展，得到了学术圈和顾客的肯定。

Ippolito fleitz group

Email: info@ifgroup.org

Ippolito fleitz group 是一个在斯图加特的多学科国际设计工作室。

其成员是得到认同的建筑师，和客户一起工作，开发建筑、产品和通信设计，并凭借实力展现与众不同的部分。开始前他们总是小心翼翼，在效果阶段则使用动态检查，在说服过程中带着清楚的论证，到最后实现时则发挥对精确的热爱。在与客户一起工作的过程中，他们有着明确的目标和欢乐的心情。

作为建筑师，他们构思并设计建筑、室内和景观。他们并不按常规出牌，而是独立思考解决方案，帮助客户成为整体的一部分，并使客户的权利别具特色。

Jeffrey Hutchison & Associates

Email: info@jeffreyhutchison.com

商店设计是建筑师最需要掌握的一项专长。每一个商店，无论是多么简单或者装饰得多么豪华，都必须适应不同的需求。展示空间、更衣室、办公室、仓库、装运和收货，至始至终让商品显得诱人，从而吸引顾客的购买欲。这绝对是一个具有挑战性的任务，若客户是一个有着强烈画面感的人，任务则更加重大了。Jeffrey Hutchison 曾与众口皆碑的品牌（例如纽约巴尼百货、Donna Karan、Narciso Rodriguez、Ralph Lauren）合作，设计精美、功能性强的商店。

“商店建筑相当于创意表达和理性过程，”Hutchison 说道“这是我一生都被牢牢吸引的结合。”从 2001 年春天开始，Jeffrey Hutchison & Associates 就为 Theory stores 创造出了全球商店图像，并为许多类似纽约巴尼百货、Ann Taylor、Loewe、Nautica、Girbaud 和 Faconnable 的客户提供设计。Hutchison 并不想强迫客户接受他的设计，这是他成功的一个因素。Hutchison 的设计不仅美观，功能性也很强，正所谓“所有这些都展现了这个空间是如何成功的，设计和公司的理念与成长携手并进，获得了长期成功的伟大机会。”

JGA

Email: info@jga.com

JGA 逐渐进化成为本国领先的商店设计，品牌战略设计和建筑公司。从 1971 年开始，JGA 就通过帮助零售商认识他们在视觉市场上的潜力建立了自己的口碑，并成为这一领域的领头人。JGA 相信把一个有创意的想法变为事实并达到成功需要清晰战略的整合、竞争和市场意识、概念上的创新和一个强大的商业嗅觉。

作为战略家和设计师的团队，JGA 提供了多向服务，向传统公司提供重要的价值。作为客户项目团队的一部分，JGA 以令人印象深刻的观念和解决方案推进创意过程，并通过战略设计、时序安排、预算和实施促进管理程序，其结果是增加与顾客的互动和满意度。

JGA 提供了各种各样的服务，包括市场和设计策略、概念定位、视觉信息设计和品牌识别设计、建筑开发和实施、商店租借协调、建设管理和定位、家具和材料采购。作为一间公司，JGA 鼓励一种允许个人与专业技术共同成长到 50 岁的企业文化，与此同时为客户提供最高标准的服务。在主席肯尼夫·尼采的领导下，公司成功地为各种各样的客户创造了具有新意和令人愉快的商店环境。JGA 的作品得到了许多设计大赛和国际著名出版社的认同，其中包括:《纽约时报》、《今日美国》、《华尔街日报》、《连锁商店时代》、《VMSD》、《Display & Design Ideas》、《Contract》、《Interiors and Sources》和《Women’s Wear Daily》。JGA 最近出版了一本书，《1,000 Retail Graphics》，介绍了全球的商店内部设计方案，包括标志、标签、广告、图标和购物环境。

K1p3 Architects

Email: studio@k1p3architects.com

K1p3 Architects 由 Karina Tollman 和 Philipp Thomanek 在 2000 年成立，位于以色列的特拉维夫市。该工作室承接世界范围的商业、文化和住宅方面的项目，以及艺术合作项目。K1p3 Architects 提供了全部的建筑、室内设计、产品和家居设计的服务。自 2006 年开始，Karina Tollman 同时在申卡工程与设计学院经营一个设计工作室。

Kidosaki Architects Studio

Email: info@kidosaki.com

Hirotaka Kidosaki 是这间公司的领导人，为 Kenzo Tange Associates 工作了 13 年，在最后的几年，他担任了副总裁的职位。离开这间公司之后，他和 Kenzo Tange Associates 的同事在 1993 年创办了 Architect Five。

Kidosaki Architects Studio 成立于 2000 年。他们的许多作品出现在日本建筑类杂志上，例如《Global Architecture》和《Shin-Kenchiku》。另外，有几个作品获得了设计类的奖项。其作品 Jakuseian 在 2006 年赢得了 Good Design Award。该公司设计作品的特点是不仅拥有质量和高贵的特点，还创造出随时间愈发成熟的建筑，将日本艺术、手工艺和建筑集于一体。

KAMITOPEN Architecture-Design Office Co., Ltd.

Email: yoshida@kamitopen.com

Masahiro Yoshida

2007 年创建 KAMITOPEN Architecture -Design Office co.,ltd.

2010 奖项

“C-STYLE”年度新人奖设计大奖

“NANA'S GREEN TEA KOBE”最佳 100

“C's fort”最佳 100

“Angelic”最佳 100

第十六届 CS 设计大奖

“C's fort”优异奖

第十四届 SDA 大奖

“C's fort”评委邀请奖

入选“NANA'S GREEN TEA KOBE”

入选“NANA'S GREEN TEA JIYUGAOKA”

入选“Angelic”

第十八届年度最佳商店

“NANA'S GREEN TEA KOBE”特别奖

“NANA'S GREEN SHIKI”优异奖

2009 奖项

入选 GOOD DESIGN AWARD 2009

“TIARA”商店设计大奖

JCD 设计奖 2009

“PRODUCE NARUSE”最佳 100

“NANA'S GREEN TEA URAWA”最佳 100

DIPLAY 工业奖 2009

入选“TIARA”

第十三届 SDA 奖

入选“PRODUCE NARUSE”

入选“NANA'S GREEN TEA URAWA”

DDA 奖 2009

入选“PRODUCE NARUSE”

入选“NANA'S GREEN TEA URAWA”

入选“NANAHA ODAKYU”

2008 奖项

2008 年 AICA 商店设计大奖

“PRODUCE NARUSE”优异奖

JCD 设计奖

入选“PRODUCA HASHIMOTO”

2007 年 Nashop Lighting 大奖

入选“PRODUCA HASHIMOTO”

LOLA

Email: infi@lola-architecture.com

LOLA 由 Rute Brazao、Sandra Carito Ribeiro 和 Riccardo Cavaciocchi 成立。3 个合伙人分别在荷兰、意大利及西班牙的公司工作之后于 2002 年开了他们的第一间工作研究室，分别位于西班牙的巴塞罗那、意大利的 thein in Lecce 及葡萄牙的里斯本。LOLA 是一个聚焦跨领域建筑与当代设计的平台。它通过新的空间作品表达自己，利用生活灵感、空间特性及他们的物质属性作为一种组织与表达的形式。与其他领域的工作室和专业人士的合作及不间断的讨论，使 LOLA 的创作灵活多变。LOLA 以吹毛求疵、正面及多元次思维为基础，在各个领域跟进项目的发展，从室外到室内，从转变到革新，为西班牙、意大利、葡萄牙、沙特阿拉伯、巴西及美国的客户进行零售空间设计。

Moomoo architects

Email: info@moomoo.pl

2008 年，该公司由 Jakub Majewski 与 Lukasz Pastuszka 成立。2009 年，Moomoo 被 Wallpaper 杂志选为全球 30 个最佳年轻设计公司之一。他们的作品曾在伦敦、上海、鹿特丹以及布鲁塞尔的展览中展出。

Minkus Architects

Email: mail@minkus.eu

在维也纳、莱比锡、伦敦和东京设计出一系列各种各样的项目之后（包括雅典奥纳西斯剧院的装修），德国建筑师 Felix 和日本建筑师 Noriko 在 2009 年创建了 Minku Architects。通常，当作品对人、地点、预算和限制都非常明确的时候，我们的目的就是建造具有诗意的建筑。而实践能促使所有元素去成就一个感官的体验，把我们带进一种浓厚的关系中，以创造有意义的空间。

Miss Led

Email: mail@missled.co.uk

Joanna Henly 是在伦敦和欧洲获奖的现场画家和插画师，她以 Miss Led 的名义创作已经近两年了。在这个时期，她成功地吸引了高级客户并得到了薪金丰厚的工作。从在塞尔弗里奇的窗子上现场作画，到给 Reebok 和 Diesel 做大规模插画，再到为名人和布朗普顿绘画定制的室内部分，Led 创造了属于她个人的幽默、别具风情和变化多端的风格。她的插画已经获得认可，其艺术创作在国内的杂志和报纸上被广泛报道。她在参加过几次集体展览后，计划在明年开设个展。

Monki

Email: joel@joeldegermark.com

Electric Dreams 是一个以斯德哥尔摩为基地的建筑 / 设计工作室，它是由 Joel Degermark 和 Catharina Frankander 在 2006 年创办的。Degermark 是一位产品设计师，他曾在伦敦皇家艺术学院学习。Frankander 是一位建筑师，曾在伦敦建筑协会，瑞典皇家艺术学院和瑞典皇家理工学院学习。他们的专长是品牌环境和产品设计。他们的许多设计都有故事和主题，对于幽默幻想的迷恋，他们喜欢色彩异常缤纷、异常疯狂、异常美丽或异常黑暗的东西。他们的设计变得超现实，因为有些偏重于把两样不同的事物放在一起，创造一个有着不同寻常的视觉效果的物品。

Norm Architects

Email: info@normcph.com

Norm 是一个多学科的设计工作室，专长于住宅建筑、商业室内和工业设计。Norm 于 2008 年由 Kasper Ronn 和 Jonas Bjerre-Poulsen 创建，他们当时在度假，决心创造一个不受时间限制的建筑和有意思的设计公司。

ONG&ONG Pte Ltd

Email: info@ong-ong.com

ONG&ONG 提供全方位的设计方案，如跨领域综合解决方案，包括建筑业的所有相关方面：设计建筑（城市规划、景观、平面及室内设计）、工程（公民、结构、电力以及力学）与管理（开发、项目、结构以及空间）。

该公司经过 ISO14001 的验证，与全球多家公司合作，其中包括新加坡、中国、越南、印度、马来西亚及美国。对当地环境及文化遗迹的深入了解，使其能够更好地理解顾客的需求，从而达到预期或超过预期的效果。

Plajer & Franz Studio

Email: studio@plajer-franz.de

Plajer & Franz Studio 是一个位于柏林的跨学科的国际团队，共有 45 名建筑师、室内建筑师和平面设计师。其所有的项目步骤（从概念到设计和实施管理）都在内部进行，即专业的项目团队进行所有的室内和房屋建筑项目，以及通信和平面设计。公司的客户包括了 galeries lafayette、s.oliver、bmw,、mini、timberland、pierre cardin、kunert、hudson、burlington 和 salewa 等。Plajer & Franz Studio 同时在欧洲和亚洲建立了它的豪华住宅项目，包括在波尔图最近完成的酒店、正在开发的克罗地亚的五星级度假酒店和葡萄牙海岸 50,000 平方米的公寓。其他几个主要项目有在泰国和哈萨克斯坦的豪华别墅，它们都还在设计阶段。

Pierluigi Piu

Email: info@pierluigipiu.it

Pierluigi Piu 于 1954 年出生于意大利的卡利亚里。他在佛罗伦萨的建筑大学求学，在那里他住到了 1989 年。1982 年到 1985 年期间他开始了设计实践，并建立了一间公司“Atelier Proconsolo”，之后参加了国内外各种各样的展览和交易会。

1985 年开始，他成为 ACME(Association pour la Création et les Méthodes d’Evolution) Consultants 的副咨询（产品和室内设计），参与公司的产品开发，其中有 Gaz de France、Essilor、Fiat-Iveco 和 Paris Airports。1990 年，他与比利时的建筑师 Pierre Lallemand 合作，完成在布鲁塞尔的建筑作品“Art & Build”。在 1991 年，他开始进行在英国的第一个项目，在到自己的出生地卡利亚里之前，他开设了自己的工作室，并开始室内设计和建筑领域的工作。

从 1996 年到 1998 年，他回到了布鲁塞尔，建筑师 Steven Becker 召集他共同完成一个重建和翻新的项目“Berlaymont Palace”。2006 年和 2007 年，他接手位于伦敦的两个新的商业项目的设计工作，因此被授予莫斯科的“俄罗斯 2007 年国际建筑奖”、洛杉矶的“2008 年国际设计奖”和德国慕尼黑的“Archi-Bau Design Award 2009”。自 2009 年开始，他成为英国网站 restaurantandbardesign.com 的专业评论员，以及意大利“Accademia del Pensiero a Colori”的一员。现在他主要在卡利亚里工作，继续他的职业生涯，承接私人住宅和商业空间的设计，同时也承接海外的项目。他的设计和作品被意大利、欧洲、亚洲和美国的多本专业书籍报道，并出现在一些著名的国内外贸易杂志中。

Rajmund Rajchel

Email: rajmund_r@go2.pl

Rajmund Rajchel 毕业于华沙艺术学院的平面设计专业，在 Rostaw Szaybo 教授指导下完成了摄影工作室的摄影。

他对广义上的平面设计与摄影感兴趣，其作品曾在众多展览中展示，如 2010 年在华沙举办的 Galeria Obok ZPAF、2003 年在富山举办的第七届国际海报三年展、2002 年在华沙举办的第 18 届国际海报双年展，以及 2001 年在巴黎举办的 Galerie Anatome，也曾被刊登在 Gazeta Wyborcza、Przekroj 及 Polish Design Quarterly 2+3D 等出版物中。

作为设计师，他曾与 Nordea Polska、TVP、商联保险公司、Centertel、Gutek Film、Polish Association for Persons with Mental Handicap 及 Galeria Obok ZPAF 合作。

现在他在建筑公司担任设计师。

他最近的项目“ANTONIONI DVD box”获得了年度最佳包装比赛——ART OF PACKAGING 2009 的一等奖，以及欧洲设计大赛 CD/DVD 包装设计类别的铜奖。

Ruscio Studio Inc.

Email: info@rusciostudio.com

今年是 Ruscio Studio Inc. 成立的第八年，通过努力的工作以及对客人的奉献精神，Robert 成功地将其室内设计公司升级为一个被国内外零售商或商场等认可的公司。

Rafael de Cardenas

Email: enquiry@architectureatlarge.com

Rafael de Cardenas 毕业于罗德岛设计学院并在那里获得学士学位，之后 3 年在 Calvin Klein 担任男装设计师。1999 年，在哥伦比亚大学开始了他的建筑学位，后来转学到加州大学洛杉矶分校，2002 年获得建筑硕士学位。他毕业后的第一个项目是与建筑师 Greg Lynn 合作，重新设计世界贸易中心。他们的投稿作品是用一系列相互连接的 5 栋建筑创造一个大教堂般的空间，最后成为六强之一。之后 Rafael de Cardenas 开始在纽约的特效产品制作公司 Imaginary Forces 工作。他作为公司的创意总监，从事体验设计项目，监督一系列的创新理念，包括慕尼克总公司的 BMW 体验项目以及纽约的 HBO 商店。2005 年 Rafael de Cardenas 在纽约的唐人街开始了自己的设计公司。他的兴趣是通过情绪创造环境，与任何特定的风格不同，这使得他拥有大量的顾客。他利用颜色、灯光与图案为全球各地区的精品店、餐馆及私人住宅创造巧妙而创新的室内设计，包括伦敦、罗马、雅典、芝加哥、迈阿密、纽约及汉普顿斯等。

REMIKS

Email: maja@remiks.eu

REMIKS 是一间位于贝尔格莱德的设计工作室，提供设计领域的专业服务（室内、建筑、平面、网站、包装、工业及品牌形象设计）。

REMIKS 与它的姐妹机构 Mikser 是贝尔格莱德设计周的主办人之一。

他们的顾客来自塞尔维亚、美国、日本、瑞典、西班牙等。

Romi Khosla Design Studios

Email: admin@rk-ds.com

Romi Khosla Design Studios 是一间咨询公司，由两位毕业于建筑协会的建筑师 Romi Khosla 和 Martand Khosla 领导。他们是著名的城市规划、旅游业及教育事业的国际咨询顾问。

他们的设计公司从事创新的现代设计，从大型的工业项目到小型的室内设计，结合了 Romi Khosla 一生的国际经验以及优秀的年轻设计师的设计热忱。

RKDS 在 Five World Architecture Awards 中赢得了冠军。21 世纪最杰出的建筑之一就是 RKDS 设计的，由英国的 Phaidon 出版社评定与出版。在过去的 4 年里，RKDS 的作品曾出现在近 30 个国际出版物以及一些国内出版物里。2010 年，RKDS 在荷兰鹿特丹的国际设计比赛“Reclaiming the streets”中得到冠军。

Rockwell Group

由于对可沉浸环境的渴望，Rockwell Group 运用多领域的设计方案创造出独特的项目。Rockwell Group 的总部位于纽约的市中心，分公司位于西班牙的马德里。这是一间创新、受国际赞扬的建筑与设计公司，专业于医院、文化、医疗保健、教育、产品、剧院及电影设计。为每个项目制作独一无二的设计理念是 Rockwell Group 成功的根本。从大局到细节，每一个故事都成了设计的源头与动力，在结合了高端视频技术、手工作品、特别效果以及定制的设备与家具的环境中反映技术、工艺与设计之间天衣无缝的共同作用。

Serie Architects

Email: info@serie.co.uk

Serie Architects 是一个国际建筑设计公司，位于伦敦、孟买及北京。Serie 从事多领域的建筑、城市生活及设计。

在工作中他们沉迷于城市的进化或独特的建筑类型，以及突显这一形式的空间设计方案。他们的设计一贯地挑战着建筑的界限，总体规划着来自全球的项目，为私人或公共部门提供全面的建筑以及规划服务。

他们的作品与伦敦的建筑协会学院的研究管理有着密切的联系，从 2002 年起，Christopher Lee 成为该学院毕业班的教授，同时他也是多间大学的到访评论家，包括 Berlage 学院、英国伦敦大学及剑桥大学。

Kapil Gupta 是印度 Serie 的总裁，也是孟买城市设计研究学院的主任，领导着几个城市研究项目。

Sybarite-Tara Robertson

Email: studio@syb.co.uk

Sybarite 是一间建筑设计公司，他以热情和来源于自然的有机形态的灵感作为设计源泉，同时把技术转移到其他行业里，形成一种既灵活又经典的独特风格。“Sybarite”一词是人生观——诱人的、奢华的及快乐的缩写。

Sybarite 自 2002 年成立以来完成了超过 300 个全球不同地区的项目，在零售空间领域里的声望不断地提升。同时他们努力地对设计和材料进行不断创新与实验，打破了真实与概念项目之间的平衡，成为保持在巅峰的关键武器。

Sybarite 作为 RIBA 特许的一间公司，在建筑方面拥有丰富的经验，对国内外的项目都有超强的实力。

Sergio Mannino Studio

Email: info@sergiomannino.com

Sergio Mannino Studio 是 DUMBO 的一个先锋艺术团对，位于美国的布鲁克林区。这里集中了具有前瞻性的建筑师、平面设计师、室内设计师及产品设计师，引进了不同的想法与材料，创造出双面或三面，具有愉悦性、启发性及鼓舞性的项目。

该团队在零售与设计行业有几年的经验，从品牌策略与品牌形象到室内设计、平面设计及建筑设计都提供了专业的服务。通过专业的咨询与合作伙伴的亲密接触，使其项目从初步的集体研讨到最后的确定方案，在任何地方都能高效的完成。

该团队曾为一些著名的公司设计商业或住宅项目，如Vince Camuto、Jessica Simpson、Miss Sixty、Energie、Kensiegirl、Morellato和Breil等。

1999 年，Sergio Mannino 在 Ettore Sottsass Jr 的指导下完成了自己的论文，毕业于意大利佛罗伦萨的建筑学科，同年他注册成为意大利认证建筑师。

2002 年，他在米兰的 Memphis-Postdesign Gallery 开了自己的第一个家具展，名为“100 Storie”，展出了 100 幅水彩画以及 9 个限量发行的作品。

2008 年，他与荷兰设计师 Jan Habraken 合作创造了 ooo! 灯，并获得 I.D. 杂志的一周最佳产品称号以及 Metropolis 举办的 ICFF 的最佳首选产品称号。

Studio metrico

Email: mail@studiometrico.com

2004 年，Lorenzo Bini 和 Francesca Murialdo 在米兰成立 Studiometrico 的工作室，为米兰、意大利和海外其他国家的客人服务，包括设计、转变及构建居住、工作或旅游空间。Studiometrico 的总部设在米兰，但是其分支通过国际网络分散在全球。

Snarkitecture

Email: info@snarkitecture.com

Snarkitecture 由 Daniel Arsham 与 Alex Mustonen 创立，它是一个由设计师与建筑师组成的团体，其业务与其说是建造房子不如说是在现有空间条件下进行设计，或者是与其他建筑师或艺术家在已有项目中进行合作。公司的作品包括空间里的结构与材料的调查研究，以及如何操作才能形成新的创意。Snarkitecture 通过搜索建筑所在位置的混乱与误用，对现有元素进行重新配置，以使建筑成为一种惊喜。

SAKO Architects

Email: info@sako.co.jp

1970 年，在日本福冈出生。

1994 年，毕业于东京工业大学。

1996 年，从东京工业大学得到硕士学位。

1996-2004 年，与 Riken Yamamoto & Field Shop 合作。

2004 年，成立 SAKO Architects。

2004-2005 年，共同管理亚洲建筑协会。

2004-2005 年，文化事务机构特派海外艺术家。

2004-2005 年，剑桥大学的访问学者。

Studio Uno Design

Email: giemoney@hotmail.com

Uno Design Studio 是一个专业的网站设计公司，位于菲律宾的马尼拉，专做定制博客系统设计、Flash 多媒体、企业形象及印刷平面。同时它是一个综合的咨询团队、包括网页咨询、创意设计师、作家、程序员及 SEO。

Slade Architecture

Email: info@sladearch.com

Slade Architecture 是一间纽约的建筑与设计公司，它于2002年由James与Hayes Slade创办。该公司完成了国内外多个项目，他们的作品曾在 200 多本书中展示与发表。Slade Architecture 曾被纽约建筑联盟选入 2010 年在新博物馆举行的 Emerging Voices Lecture Series 中。

在 Slade Architecture 的奖项中有国家 AIA 小型项目奖、多个纽约 AIA 优异奖、年度零售商店设计机构奖、连锁商店时代最佳设计奖、设计类高速企业奖、室内设计杂志、综合杂志、商业周刊及建筑实录颁发的多个年度大奖。Slade Architecture 的作品曾在纽约的 AIA 建筑中心、法兰克福的德国建筑博物馆及其他国家的展览中展出，包括欧洲、亚洲与美国。

The LADG

Email: office@theladg.com

洛杉矶的设计团队 LLC (The LADG) 是一间专门从事当代设计的公司，成立于 2004 年，已完成城市或国家的项目，包括加利福尼亚州、夏威夷、俄勒冈州、科罗拉多州、纽约及英国。

他们对用实用主义解决设计问题有独到的见解，追求利用实用的建筑材料创造新的环境与物体，从而生成特别的感官体验。

通常，这一做法利用先进的数码建模软件与机器配置，降低了成本，使昂贵的材质、复杂的形式及精致的互动细节设计得以采用。这一焦点在过去执行的项目中产生了不同的变化与排列，包括家庭住宅建筑、零售商店室内设计、节日促销现场、别墅型住宅建筑、室内翻新、平面设计及工业设计。他们在专业人员的协助下以及开支平衡的条件下致力于可信实用的建筑体系。

同时，他们还通过研究、挑战新颖的东西推动建筑的发展。

TiloGo

Email: hello@tilogo.com

Tilo Go 是一个跨领域的自由设计师与插画家，住在德国的汉堡。

他在Fork Unstable Media公司工作了超过5年，在那里他是一位屏幕设计师与动画设计师。

从 2009 年起，他开始独立工作，其工作范围包括插画、在线艺术指导，以及为不同客人与公司提供优秀的平面设计。

TJEP

Email: goodnews@tjep.com

TJEP 提供多领域的设计服务：从 Princess Maxima 的三重冕到由橡胶构成的鸟巢型沙发，从 Volkswagen 的爆米花到餐馆、学校及商店的室内与品牌设计。TJEP 由 Frank Tjepkema 创立，这样一个不好发音的名字需要加入一个设计，因此最后 Frank 的公司名为 TJEP.

TJEP 是一个由几位对设计充满热情的设计师组成的小团队，位于阿姆斯特丹，客户包括 Droog、英国航空公司、Camper、喜力和宜家等。

TORAFU ARCHITECTS Inc.

Email: torafu@torafu.com

2004 年，Torafu Architects Inc. 由 Koichi Suzuno 与 Shinya Kamuro 创立。他们从事多样性的设计项目，从建筑设计到室内设计、展览空间设计及产品设计等。主要的建筑作品包括 Template in Claska，Nike 1 Love, Boolean, House in Kohoku 及 Air vase。

Tristan Dieguez

Email: info@dieguezfridman.com.ar

Tristan Dieguez 于 1997 年在布宜若斯艾利斯大学获得建筑师的资格，1997 年曾获 SCA-CPAU 大赛的最佳建筑学生项目奖，2000 年获 CPAU 大赛的最佳学分等级奖。在 1996 年到 1998 年间，他在 Luis Bruno/ arquitectos 担任设计师，1998 年到 2000 年，他在美国纽约的 Cesar Pelli 事务所工作。

Axel Fridman 于 1997 年在布宜若斯艾利斯大学获得建筑师的资格。1994 年到 1997 年在 Berdichevsky Chermy 担任设计师，1997 年到 1999 年在 M/SG/S/S/S arquitectos 工作。1998 年他开始在哥伦比亚大学攻读空间设计硕士学位，并于 1999 年荣誉毕业。

2000 年，他们回到布宜若斯艾利斯，一起开始了独立的设计事业，项目包括住宅、商店及学院的项目，其中项目还参加了一些比赛，例如在 2004 年 UBA 经济学院举办的设计比赛以及 2006 年 UBA 心理学院设计大赛中获得了第一名；在 2001 年共和广场再设计比赛中获得第二名，并在 2006 年韩国的 Jeongok Prehistory 博物馆大赛以及 2005 年圣达菲法院加建比赛中被提名。

他们现在在布宜诺斯艾利斯大学的 Jaime Grimberg 设计工作室担任助理教授。

UGLYCUTE

Email: info@uglycute.com

UGLYCUTE 是一个位于瑞典首都斯德哥尔摩的设计与建筑公司，于 1999 年，由室内设计师 Andreas Nobel、建筑师 Fredrik Stenberg、艺术家 Markus Degerman 及 Jonas Nobel 创办。他们通过不同行业的搭配扩大设计的理念，通过实践与文字，指导与组织工作室的方式解释设计对社会的影响。

Upsetters Architects-Akiko Okabe

Email: info@upsetters.jp

“观察城市结构，重建城市风光”是他们的理念宣言。他们致力于建筑、室内设计、现场活动等与整个城市生活有关的跨领域设计。

曾获 JCD 设计大赛的金奖以及最佳设计奖等。

Yuko Nagayama

Email: contact@yukonagayama.co.jp

2002 年成立 Yuko Ngayama & Associates

2006 年成为东京理科大学的讲师

2007 年成为东京理科大学以及京都精华大学的讲师

2008 年成为昭和女子大学的讲师

奖项：

2005 年 - Tsukuba Denentoshi 概念住宅比赛 - 二等奖

2005 年 - 2005 年 JCD 设计大赛 - LOUIS VUITTON kyoto daimaru 获奖

2005 年 - LO'real Color，科学与艺术大奖 - Kaleidoscope Real 获奖

2006 年 - AR Awards - a hill on a house 广受好评

2007 年 - The Best Debutant (MFU) - 获奖建筑师

Z-A

Email: info@Z-A.com

Z-A 是一个纽约的建筑创新工作室，致力于展现超乎寻常的世界。

Z-A 专门研究适应性材料、建筑结构及基础设施，可根据不同的需求、用法、使用者，以及不同特性的项目作出调整与响应。

Z-A 坚信一个可持续项目的首要目标是寿命长，一个灵活的设计方案能让一个项目经得起时间的考验。

Z-A 的设计是刻意抛开形式主义或均匀度，表达他们对宇宙的强烈兴趣，使展示从平淡开始，却不以平淡结束。

Z-A 通过众多的奖项以及出版受到国内外的关注，如纽约时报、纽约杂志、建筑实录、Frame、Wallpapre、Metropolis、We-Ar、SPA-DE、Mark、Time Out、Architect’s Newspaper、Haaretz 和 Marie Claire 等。

Z-A 曾被各种各样的机构展览与认可，如 Perspecta Lisbon、Compotec Massa-Carrara、纽约艺术协会、哥伦比亚大学、the Van Alen Institute、Ramat-Gan 博物馆、傅尔布莱特基金会及 William Kinne Fellowship 等。

Guy Zucker 是 Z-A 的创始人。他除了进行自己的日常业务之外，还在宾夕法尼亚州的大学任教，之前曾在哥伦比亚建筑研究所以及帕森斯设计研究院任教。Zucker 在哥伦比亚大学获了高阶空间设计理科硕士学位，同时也是以色列理工学院的建筑学学士。

ZMIK

Email: kontakt@zmik.ch

ZMIK 是一间专业的设计工作室，以创造空间的形象、个性与交流为中心。ZMIK 的宗旨是创造独一无二、大胆而精准的空间环境。ZMIK 游走在各领域的边缘、如室内设计、配景图法、物件设计及装置设计，通过对它们进行调和得到解决复杂问题的综合方案。

ZMIK 由 Rolf Indermühle、Mattias Mohr 与 Magnus Zwyssig 于 2006 年成立，位于瑞士的巴塞尔，其项目涵括了多个领域：

- 商店设计，品牌环境与企业空间
- 展览设计
- 转换策略与空间转换
- 文化活动
- 餐馆，酒吧与俱乐部
- 保健与办公室空间
- 住宅

ZMIK 从事不同规模的项目，从单一的室内空间到建筑外形，其客人包括 Art Basel、Belux、Engadiner Museum St. Moritz、Swiss Architecture Museum、Swiss Federal Office of Culture 及 UBS Fund Management。